나는 잘 살고 싶어
나누기로 했다

일, 돈, 사람, 공동체가 보이는 나눔과 삶의 경제

나는 잘 살고 싶어 나누기로 했다

1판 1쇄 인쇄 2020년 5월 25일　**1판 1쇄 발행** 2020년 6월 5일

지은이 전성실　**펴낸이** 전광철　**펴낸곳** 협동조합 착한책가게

주소 서울시 은평구 통일로 684 1동 3C033

등록 제2015-000038호(2015년 1월 30일)

전화 02) 322-3238　**팩스** 02) 6499-8485

이메일 bonaliber@gmail.com

ISBN 979-11-90400-06-0 (03320)

• 책값은 뒤표지에 있습니다.

• 잘못된 책은 구입하신 서점에서 바꾸어 드립니다.

이 도서의 국립중앙도서관 출판예정도서목록(CIP)은 서지정보유통지원시스템 홈페이지(http://seoji.nl.go.kr)와
국가자료공동목록시스템(http://www.nl.go.kr/kolisnet)에서 이용하실 수 있습니다.

(CIP제어번호: CIP2020020227)

아름다운 나눔인문학 2 - 경제편 ||||||

나는 잘 살고 싶어 나누기로 했다

일, 돈, 사람,
공동체가 보이는 나눔과
삶의 경제

전성실 지음

COOPERATIVE
착한책가게

차례

1장 일과 삶에 관한 가장 아름다운 풍경

2장 관계의 시대, 돈의 의미를 다시 생각하다

3장 사람을 위한 경제는 어떻게 현실이 되는가

4장 보이지 않던 것들의 귀환, 공동체를 다시 쓰다

추천의 말

잘 살고 계십니까? 근래 예상치 못한 재난을 겪으며 누구도 선뜻 대답할 수가 없었을 것입니다. 바이러스의 공포보다 근거 없는 혐오가 사람 사이의 관계를 난도질하고 있습니다. 그 가운데 《나는 잘 살고 싶어 나누기로 했다》를 만났습니다.

우리는 가족을 위해 열심히 일했는데 어느새 일하느라 가족, 친구들과 밥상에 둘러앉을 시간을 잃어버렸고 관계는 멀어져만 갔습니다. 그 관계와 공동체를 회복하기 위한 부단한 애씀이 보이지 않던 것들의 귀환으로 '공동체'를 다시 쓰게 합니다.

그동안의 경제는 쌍방의 기브 앤 테이크(give & take)였습니다. 이 책에서는 내가 베푼 것이 꼭 내게 되돌아오진 않아도 내 가족, 내 이웃에게 되돌아가기도 하며 내가 베풀지 않았다고 해도 어느 누군가의 크고 작은 선행들이 내게 끊임없이 영향을 주는 '호혜의 경제'를 이야기합니다.

'잘 살고 계십니까?'라고 누군가 지금(present) 내게 묻는다면 《나는 잘 살고 싶어 나누기로 했다》라는 선물(present) 같은 책을 만나 잘 살 수 있는 힘을 얻었다고, 함께 읽자고 하고 싶습니다. 특히 지금 곳곳의 중간지원 조직에서 일하는, 도시재생, 마을공동체, 사회적경제 영역의 활동가들에게 활동의 근원을 어디서 찾아야 할지 나침반이 되어줄 책으로서 더욱 권하고 싶습니다.

– 김영림(마을발전소 대표)

"사회적경제가 뭐예요?"

내가 사회적경제 영역에 발을 들인 뒤로 가장 많이 받은 질문일 거다. 어떻게 하면 쉽고 명쾌하게 설명할 수 있을지 늘 고민이었는데, 《나는 잘 살고 싶어 나누기로 했다》를 읽다 보니 저자가 나의 이런 고민을 해결해주려고 이 책을 쓴 건 아닐까라는 착각이 들 정도다. 무심코 지나친 드라마나 영화 속 장면에서 사회적경제를 짚어내는 예리한 통찰이 흥미롭다. 사회적경제가 무엇인지 궁금한 많은 분들에게 입문서로 추천하고 싶다.

— 이혁수(충남사회경제네트워크 사무처장)

나눔의 경제 안에서는 주부인 나도 어엿한 생산자가 됩니다. 책의 각 장마다 드라마와 영화 같은 영상자료나 책이 소개되어 있어 아이들과 함께 읽으며 일과 돈, 삶과 사람에 대한 이야기를 나눌 수 있어 좋습니다. 술술 읽다 보면 '나는 잘 살고 싶어 나누기로 했다'는 책 제목에 고개가 자연스레 끄덕여집니다. 각박한 이 사회에서 잘 살고 싶은 분들께 꼭 읽어보기를 권합니다.

— 홍주연(주부)

좋은 대학 나와서 좋은 회사 다니고 스펙 좋은 남편 만나면 성공한 인생이라 생각했습니다. 부끄럽게도 발달장애 남매를 낳고 키우면서 세상의 잣대와 성공이 얼마나 성과 중심이었는지 알게 되었습니다. 이 책은 저에게 사회적경제를 통해 발달장애인의 문제를 해결하고자 하는 꿈고래놀이터부모협동조합의 이사장으로서 우리의 민낯을 돌아보고 함께 산다는 것이 어떤 것인지 생각할 수 있는 보물 같은 시간을 선사해주었습니다.

— 임신화(꿈고래놀이터부모협동조합 이사장)

"우리 제대로 살아볼래?" 하며 당장 내 곁에 있는 사람들에게 건네고 싶은 책! 이 책이 내 몸을 통과하는 순간, 삶에 일었던 균열의 조각들이 의미망을 이루며 짜 맞춰졌다. '심리학책인가?' 싶을 정도로 내 삶의 균열이 어디서부터 시작되었는지 짚어준 시간, 경제활동을 하지 않으면 경력이 단절된 것인 양 육아와 양육에 고군분투해온 보이지 않던 시간들에 가치가 부여되고, 치유가 되는 시간을 경험했다. '경력단절여성', '맘충'이라는 사회적 시선 앞에 고개 숙여지는 많은 주부들과 이 책을 통과하는 '나눔과 진정한 경제'의 의미를 꼭 함께 나눠보고 싶다. 보이지 않던 것들의 역사성을 보이는 나눔으로, 삶의 경제로 쉽게 풀어쓴 저자의 글이 '어떻게 사는 것이 잘 사는 삶인가'에 대한 방향을 제시해준다. 이제 그 나침반을 따라가 보자!

– 최혜정(주부)

사람은 누구나 잘 살고 싶어 합니다. 잘 산다는 기준이 무엇인지 정의하지 않은 채 단순히 잘 살기만을 원하는 경우가 많습니다. 다른 사람의 기준에 맞추어 돈을 많이 벌거나 좋은 직장을 가지는 것 등이 잘 사는 기준이던 시대였습니다. 지금은 잘 산다는 기준이 바뀌어가는 듯합니다.

이 책은 잘 사는 것이 무엇인지, 잘 살기 위해 우리가 무엇을 생각하면 좋은지를 일, 돈, 사람, 공동체의 측면에서 들여다보고 있습니다. 다양한 책과 영상자료(영화, 드라마, TV 프로그램) 등의 내용을 인용하여 불완전한 인간의 삶에 대해 이야기합니다. 이 책이 많은 사람들에게 삶의 방향을 정하고 잘 사는 것에 대한 기준을 세우는 데 도움을 주었으면 하는 바람으로 이 책을 추천합니다.

– 김석(두월노을마을 마을사회사업가)

교사이자 마을활동가로서 지낸지도 4년째로 접어들었다. 말이 마을활동가이지 활동가교육을 받은 것도 아니고 많은 책을 읽은 것도 아니다. 망우리의 학교에서 근무한 인연으로 마을의 사람들을 알게 되었고 함께 마을공동체 공간을 꾸며 마을축제, 마을장터, 강좌, 자조모임, 어린이/청소년 대상 활동 등을 다양하게 해온 것이 이력의 전부다. 이런 미력한 나에게 큰 영감을 준 사람이 전성실 선생님이다. 망우리 마을공동체에서 마을공동체의 가치, 철학 등에 대해 강연도 해주었고,《아름다운 나눔수업》《살아있는 것도 나눔이다》를 통해 교사로서 또한 마을활동가로서의 자세와 지향해야 할 가치 등에 대해 많은 도움을 받았다.

책 내용 중에 주소를 공유하여 마을 청년들의 택배를 받아주는 독거노인의 이야기가 가장 인상에 남는다. 저자가 가장 중요시하는 '호혜'의 정신이 가장 잘 표현되었기 때문이기도 하고, 내가 올해 동 단위 민·관·학 거버넌스 구축을 시도하면서 마을의 독거노인과 청소년들을 연결해 독거노인의 '사회적 자존감'을 높여주는 것을 가장 중요한 일로 계획했기 때문이기도 하다. 돈이 돈을 버는 사회가 아니라 관계맺음을 목적으로 하는 경제활동, 즉 함께 살아가기 위해서 서로 선물하는 사람을 위한 경제활동으로 공동체와 더불어 따뜻함을 확인하는 사회가 되기를 바라며, 항상 선한 의지로 우리를 깨우쳐주는 전성실 선생님과 함께 행복한 마을을 더불어 꿈꾸고 싶다.

– 최성호(마을과 아이들 대표)

저자는 잘 살기 위해서 포기하지 말아야 할 것들을 담담하고, 재미있으며, 쉽고 짧게 이야기한다. 그는 어려운 이론으로 우리를 설득하려 하지 않는다. 평소에 우리가 잘 살기 위한 선택이라고 생각하고 믿어온 많은 것들을 일상 속 경험, 책, 영화, 드라마 등 누구나 공감할 수 있는 익숙한 사례로 뒤집어버린다. 코로나19로 뒤숭숭한 시절이라서인지 저자의 나눔 이야기는 더욱 설득력 있다.

학교에서 10년 조금 넘게 학생들을 가르치고 있습니다. 학생들이 자기의 고유성을 관찰하고 자신의 목소리를 내어볼 수 있도록 학교의 환경을 조성하는 것, 배움과 실천을 통해 문제를 해결하고 새로운 가치를 만들어내는 데 도전해볼 수 있는 환경을 만드는 것에 집중해왔습니다. 그동안 학생들과 함께 많은 일들을 함께 해오는 과정에서 여러 고려사항이 있었지만 그중에 나눔이 빠져 있었음을 이 책을 읽으며 문득 깨닫게 되었습니다. 그런데 생각해보니 이미 나눔을 실천한 경우도 많았습니다. 학생들이 자신의 시간을 나누거나 걱정을 나누거나 기회, 재능, 자산을 나누는 등…. 하지만 저자도 언급한 것처럼 그것은 그동안 실천을 하면서도 보이지 않는 것이었습니다. 미래교육이 대두되면서 자주 언급되는 문제를 해결하는 능력, 새로운 가치를 만들어낼 수 있는 능력, 갈등과 긴장을 조절할 수 있는 능력, 책임감과 시민의식 등이 먼저 보였습니다. 이 책을 읽으며 보이지 않던 나눔에 대해 조금 더 구체적으로 생각할 수 있게 되었습니다. 그동안 변화의 시대를 맞아 교육을 통해 무엇을 할 수 있어야 할지에 관한 '능력'과 무엇을 해야 하는지에 대한 '가치'에 대해서 고민했다면, 이 책을 통해 우리가 어떻게 관계를 맺으며 불완전한 서로를 보완하며 함께 살아갈 수 있을지 삶의 자세를 함께 생각하게 되었습니다.

- 이태경(양정여고 교사)

부당해고를 당했을 때에도 큰아이가 교육받을 권리를 보호받지 못했을 때에도 사회가 잘못되었고 나는 억울하다 생각했을 뿐 내가 그 사회를 구성하는 일원임을 알지 못했습니다. 평소와 같이 작은 초콜릿 하나를 친구와

12   나는 잘 살고 싶어 나누기로 했다

나누라는 말에 '왜 맨날 나만 나눠야 하느냐'며 우는 아이를 보고 이 아이의 친구가, 학교가, 세상이 변하지 않으면 내 아이는 계속 울겠구나, 하는 생각이 들었습니다.

따뜻한 동네와 이웃을 갈망하면서도 뒷짐만 지고 서 있는 우리에게 이 책은 사회가 어떻게 변하고 있고, 그래서 어떻게 생각하고 행동해야 하는지 그 방법을 제시합니다. 이 책을 통해 우리 모두가 사회를 변화시킬 주체로 거듭나길, 따뜻한 사회 안에 숨 쉬게 되길 바랍니다.

− 한송이(나눔학교 1기 졸업생, 복직한 한국철도공사 직원(전 KTX 해고승무원))

부모보다 가난한 첫 세대. 고성장 사회에서 살아가는 방법을 교육받았지만 저성장 시대에 내던져진 세대. 스스로를 끊임없이 채찍질하고 이유 없는 도태감에 빠져 있는 오늘날의 청년세대에게 이 책은 질문합니다. 절대적인 가치라 생각한 것이 정말 절대적인 것인지, 그 안에 더 중요한 가치는 없는지, 그리고 그 안에서 어떻게 행복할 수 있는지. 경제라는 키워드로 이야기가 전개되지만 결국 삶을 말하고 있는 이 책은 '함께하는 삶'이 낯설고 어려운 청년들에게 왜 함께 살아가야 하는지 말해줍니다. 보다 행복하고 '잘' 살고 싶은 오늘의 청년들에게 경제 그리고 삶을 바라보는 중요한 관점을 이야기해주는 이 책을 추천합니다.

− 정보희(나눔학교 2기 졸업생, 비영리청년단체 청바지 대표, 동네책방 원테이블 총괄매니저)

성실 샘과의 만남으로 우리 인간의 존엄과 그 가치를 아는 것은 스스로의 불완전함을 인정하는 것에서 시작한다는 것을 알게 되었습니다. 지난 10여 년간의 마을 활동 가치를 정리하고 새롭게 시작하는 10년의 슬기로운 마을생활을 고민하는 나에게 코어경제 활동가로 사회적 공감을 준 성실 샘입니다. 그의 '나눔 경제 이야기'를 통해 또 다른 깨달음을 얻습니다. 모든 일

중독 활동가들에게 필요한 사회적 자존감 회복을 위한 경제지침서로서 적극 추천합니다.

"돈~돈~돈~ 돈에 돈돈 악마의 금전~~" 대학시절 이 노래를 부르면서 일(노동)은 사람만이 갖는 신성한 가치라고 배웠다. 돈이 돈을 버는 세상에서 돈이 행복한 삶의 척도로 변해버린 것이 사실이다. 그러나 이 책은 진정한 행복을 위한 일의 가치를 관계 속에서, 사람을 위한 경제에서 찾는 동시에 공동체를 통한 나눔의 의미를 일깨우며 읽는 이를 위로한다. '이렇게 변하면 안 되는데… 지금 나의 위치에서 어떻게 풀어나가지?'라는 생각과 고민, 즐거운 상상을 반복하게 한다. 그리고 '한번 그렇게 시도해봐야지.'라는 작은 움직임이 마음속에서 계속 꿈틀거린다. 이 작은 움직임이 모여 진정한 기적을 만드는 출발점이 되기를 기대해본다.

저자의 글은 과거를 이야기하지만 미래를 보는 것 같았고 사회를 주목하지만 사람에게 향하여 있다. 예상치 못한 재난으로 공동체에 대한 성찰이 우리 인식의 체계에 스며들게 된 요즘, 여러 세대가 함께 이해할 수 있는 언어와 이야기로 만들어낸 《나는 잘 살고 싶어 나누기로 했다》! 쉽고 재미있고 생각하게 만든다.

어릴 적엔 무엇이 되고 싶은지에 대한 질문 속에 살았다. 커서도 개인적으로는 일하면서 비전이 무엇인지, 왜 이 일을 하는지에 대한 질문을 자주 접한다. 업무적으로는 사회적경제는 무엇인지, 우리가 이야기하는 사람 중심의 좋은 일자리는 무엇인지, 노동과 삶 안에서 워라벨이 무엇인지에 대한 질문에 답할 것을 강요'받기도' 한다. 쉽게 정의될 수도 없고, 경험이 축적될 때마다 생각이 바뀌기도 하기에 이런 질문은 어렵고 가끔은 오히려 생각하기가 괴롭다. 하지만 《나는 잘 살고 싶어 나누기로 했다》를 읽다 보면 이러한 질문이 왜 필요한지부터 같이 고민해보고 싶다는 마음이 생긴다. 또한 생각을 전환할 수 있는 일상적이고 다양한 좋은 사례를 통한 경험을 쌓을 수 있다.

　　돈을 많이 버는 법, 돈에 투자하는 법이 아닌 진짜 경제 자립을 희망하는 사람들에게 이 책을 추천한다.

— 장은희(쉐어앤쉐어 COO최고업무책임자)

교사의 역할이란 게 결국은, 우리 아이들이 서로 함께 잘 먹고 잘 살 수 있도록 안내하고 조력하는 일이라 생각합니다. 함께 잘 살아가기 위한 소양을 길러주려면, 무엇보다도 노동(일)의 가치와 나눔의 소중함을 깨닫게 해야 하는 것일 바, 이 책은 교사에게 그 가르침의 안내서로서 손색이 없을 듯합니다. 조합원 선생님들과 함께 읽어보고 싶은 책입니다.

— 박근병(서울교사노조 위원장)

전성실 작가를 알기 전 나는 솔직히 나눔은 있는 분이나 여유 있는 분이 베푸는 시혜나 기부이고, 누구나 실천하기 어렵다고만 인식해왔다. 이 책에서 나눔은 누구나 일상 속에서 실행이 가능한, 즉 운동의 일환이며 호혜의 실질적 참여라는 것을 알려준다. 우리의 눈에 보이지 않는 일, 돈, 사람이 서로 관계 맺고 유지하는 마을공동체 안에서 어떻게 보이는 것으로 바뀌는지를 친절히 안내한다. 미천한 내게 이러한 추천사를 쓰는 것조차 나누는 전성실 작가를 본받아 나도 코로나 재난지원금 기부를 시작으로 일상에서의 나눔을 실천하려 한다.

– 지혜연(사단법인 마을 이사)

불로소득, 대출, 노동자를 투명인간으로 만들어버린 자본주의의 불편한 진실을 20세기에서 21세기 일상을 소재로 영화와 연결해 아주 담담하고 쉽게 풀어내 청소년들이 경제를 이해하는 데 좋은 나침반이 될 것 같습니다. 포스트 코로나 시대, 청소년들에게 뭇 생명체들을 위한 시스템으로서의 경제가 무엇인지, 행복하게 살기 위한 연대와 실천의 가치가 무엇인지, 어떤 삶을 위해 어떤 독특한 일을 해야 할지 고민하게 만들 멋진 진로철학서가 아닐까 싶습니다.

– 김지수(군포시청소년재단 대표이사)

이 책은 나눔이 희생이나 자선이 아닌 나를 포함해 이웃과 함께 행복하게 잘 살 수 있는 길이라는 것을 쉽고 명확하게 보여줍니다. 그러면서도 나눔, 행복, 공동체를 위한 길을 하나로 정하지는 않습니다. 책에서 얘기하는 대로 불완전한 시대에 최적의 길을 향해 함께 걸어가 봤으면 합니다.

– 주수원(마을교육공동체포럼 공동대표)

학교로 찾아가 학생들의 다양한 가능성을 열어주려 진로교육을 하고 있던 제게 학생을 한 사람 한 사람으로 보게 했습니다. 학생으로 대하는 마음에서 사람으로 대하는 마음을 찾도록 나눠주고 도와주신 전성실 선생님!
서로의 가치를 알아주고 관계를 연결하니 이제 그들과 잘 살고 싶어지고 자연스레 공동체적인 사람들이 모였습니다. 학교네는 그 과정으로 만들어지고 성장한 그 사람들이 모여 있습니다. 그렇게 학교네가 만들어지는 오랜 시간 동안 언제나 사람의 가치로 살아감을 알려주신 나의 나눔 선생님

16   나는 잘 살고 싶어 나누기로 했다

의 세 번째 책《나는 잘 살고 싶어 나누기로 했다》출간을 축하드립니다. 나눔 엑서사이즈! 다양한 가능성, 진짜 나와 당신 삶의 가능성을 열어주는 책.

– 김은영(잘 살고 싶은 나로부터 모두 잘 살고 싶은 세상을 꿈꾸는 '학교네' 대표)

그동안 쉼 없이 달려온 어느 30대 후반의 남성이 이 책을 읽는다면 우리가 알던 잘 사는 방법을 다시 정의해야 하는 순간을 맞이하게 됩니다. 하지만 쉽게 삶의 방향을 바꿀 수 없습니다. 그래서 이 책은 읽고 또 읽어 내 삶의 방향타로 삼아야 합니다. 화려한 수치가 아닌 중심 있는 철학을 담은 경제 이야기로서. 혹시 사회적기업가의 삶을 머뭇거리신다면 이제 그만 해방되세요. 사회적경제로 가는 최고의 입문서입니다.

– 기우진(러블리페이퍼 대표)

우리가 왜 살아가고 있는지에 대한 근본적인 질문을 던지는 책이다. 이 책은 사람답게 살고 싶었던 것인데 어느새 살아남기 위해 살고 있는 현실을 돌아보게 한다. 사람답게 살기 위해서 어떻게 관계를 맺고, 어떻게 공동체를 이루고, 어떻게 경제활동을 해야 하는지 차분하게 생각하게 한다. 평소 이런 생각을 하고 있었고 다른 사람들과 나누고자 했던 전성실 선생님의 생각 흐름을 그대로 느낄 수 있다. 우리는 저자의 이야기처럼 더 이상 물욕에 쫓겨 다니지 말고 함께 행복하게, 사람답게 살아갈 수 있는 공동체를 만들어내도록 하자. 그게 우리를 행복의 길로 인도해줄, 어쩌면 마지막 길임을 명심하도록 하자.

– 서우철(경기도교육청 마을학교 담당 장학관, 의정부 몽실학교 초대교장)

머리말

코로나바이러스감염증-19(이하 코로나19)로 세상이 멈췄습니다. 세상이 멈추니 그동안 앞만 보고 끊임없이 달리던 제 삶도 멈췄습니다. 제 삶이 멈추니 그동안 보지 못했던 것들이 보이기 시작했습니다.

바쁘게 달리느라 보지 못했던 제 삶의 가장 가까운 사람들이 보이기 시작했고, 그들과 함께하는 시간이 보이기 시작했고, 그들이 그동안 무엇을 했는지 보이기 시작했습니다.

그동안 봐야 할 것들을 보지 못하고 무엇을 하며 살았는지 후회가 밀려왔습니다. 후회하면서 나를 돌아볼 수 있었고, 나를 돌아보면서 나를 볼 수 있었고, 나를 중심으로 다양한 관계가 숨어있음을 새삼 느낄 수 있었습니다. 그들을 보지 못하고 삶을 살았습니다. 보이는 것들만 따라가면서 보이지 않는 것들을 놓치고 살았습니다. 정해진 답이 있는 것처럼 말입니다.

완벽주의자들이 가장 힘들어하는 것이 있습니다. 정해진 대로 되지 않을 때에 무엇을 해야 할지 모른다는 것입니다. 분명 철저하게 준비했는데 준비한 대로 되지 않을 때 그에 대한 대안이 없으면 완전히 무너집니다.

한국전쟁 이후 대한민국은 가난에서 벗어나기 위해 경제성장이라는 목적을 위해 죽어라 앞만 보고 달렸습니다. 옆이나 뒤를 돌아볼 여력이 없었습니다. 그래야 굶지 않고 먹고살 수 있었습니다. 그래서 경제성장에 도움이 되는 것이라면 무조건 모았습니다. 주로 일을 하기 위해 필요한 일거리, 자본, 일할 사람 등을 모았습니다. 이런 것들이 모이는 곳은 새로운 중심지가 되었고 그곳을 중심으로 모이고 또 모였습니다. 심지어 도시개발이나 재개발을 통해 일부러 모이는 공간을 만들기도 했습니다.

한 공간에 많은 것들을 모으다 보니 문제가 많았지만 경제성장을 위해 참아야 했습니다. 그저 참고 열심히 일만 하면 금전적 보상이 있었기 때문에 참을 수 있었습니다. 그렇게 경제성장을 이룰 수 있었습니다.

고성장시대를 거치면서 우리는 계획대로 살았습니다. 고성장이라는 목표에 어긋나는 것이 있으면 무조건 잘라버렸습니다. 그래서 큰 혼란이 있어도 막을 수 있었습니다. 항상 계획대로 진행됐으며 계획에 없는 일은 무시했습니다. 항상 완벽한 사회인 것처럼 보였습니다.

그러다 한 번씩 큰 자연재해나 사회적 재난이 일어나면 당황했지만 그때마다 정부는 빨리 묻어버리거나 더 큰 사회 이슈를 내놓았습니다. 그렇게 해결하지 못한 문제들이 조금씩 쌓여갔습니다. 성수대교와 삼풍백화점 붕괴가 그랬고, 세월호 침몰이 그랬습니다. 매년 태풍이나 산불과 같은 자연재해가 일어난 때에도 온갖 대책을 내놓곤 했지만 제대로 된 대안이나 책임은 찾아보기 힘들었습니다.

그러나 이번 코로나19의 확산은 그 한계를 넘어섰습니다. 그냥 묻어버리기에도, 더 큰 사회 이슈를 던지기에도 너무나 심각한 사회적 재난입니다. 과거 고성장시대의 정부였다면 경제 이슈로 묻어버리려는 시도를 했을지도 모르겠습니다.

하지만 이번 정부는 사람을 중심에 두는 정부라고 천명했습니다. 그래서 재난이 발생할 때마다 사람을 위한 정책을 펼쳤습니다. 2018년 포항지진 때는 수능시험을 미루었고 2019년 강원도 산불 때는 전국의 소방차를 강원도로 보냈습니다. 이번 코로나19 재난 초기에 중국 우한에 있는 국민들을 위해 대통령 전용기를 보내는 모습을 보이기도 했습니다.

완벽한 국가의 모습보다는 그 상황에 맞게 최적의 대응을 하는 유연한 국가의 모습을 보여줬습니다. 국가의 성장보다는 국민의 안전을 우선시하는 모습을 보여줬습니다. 국가의 불완전한 모습이 드러날 수 있는데도 주저하지 않고 용기 있는 모습을 보여줬습니다.

물론 그 혜택이 모든 국민들에게 닿지 않을지는 모르지만 국가의 기본 철학은 그렇게 보입니다. 국가적 재난이 닥쳤을 때에는 다수를 위한 소수가 아닌 소수를 위한 다수가 필요합니다. 국가를 위한 국민이 아닌 국민을 위한 국가가 필요합니다. 완벽하지는 않지만 현재의 불완전함을 인정하고 그 속에서 최적의 모습을 보여주려는 국가가 필요합니다. 다만 구체적인 정책에서 소외되거나 밀리는 사람이 없기를 바랍니다. 모든 국민을 품을 수는 없겠지만 적어도 소외되는 국민은 없어야 할 것입니다.

나눔에도 이러한 용기가 필요합니다. 완벽한 나눔은 없습니다. 완벽한 시스템은 없습니다. 완벽한 서비스는 없습니다. 완벽한 사람은 없습니다. 사람이 하는 일이니 불완전할 수밖에 없습니다. 그 불완전함을 인정해야만 '최적'을 발견할 수 있습니다. 나눔이 필요한 사람에게 최적의 나눔을 할 수 있어야 합니다. 괜히 완벽한 척해봐야 그 완벽한 시스템에 맞추지 못한 사람만 탓하게 됩니다. 시스템을 위한 사람이 아니라 사람을 위한 시스템을 만들어야 합니다.

고성장시대에는 고성장시대에 맞는 일과 사람이 있었습니

다. 고도의 성장을 이루기 위해 일을 표준화하고 획일화했습니다. 그리고 그런 일에 맞는 사람이 필요했습니다. 그래서 사람도 표준화하고 획일화해야 했습니다. 그에 맞춰 교육도 표준화하고 획일화했습니다. 거기서 걸러진 사람들을 통해 고성장을 이루었고 거기서 탈락한 사람들은 그들이 이룬 고성장에서 떨어지는 낙수효과를 기대하며 열심히 일했습니다. 그러니 일하는 동안 개인의 문제는 중요하지 않았습니다. 무엇이 떨어지는지에만 관심을 가졌습니다.

그러나 시대가 변해서 더 이상 성장하기 어려운 저성장시대가 되었습니다. 높은 성장을 이룰 수 없는 정도가 아니라 현상유지도 힘든 시대가 되었습니다. 고성장에 따른 낙수효과를 기대하기가 어렵습니다. 이제는 성장을 위해 표준화하고 획일화했던 일과 사람이 더는 필요하지 않습니다. 그러면서 그동안 문제시되지 않았던 개인의 문제들이 드러나기 시작했습니다. 그동안 성장을 위해 감추고 미뤄둔 사회적인 문제들도 갑자기 쏟아져나오기 시작했습니다.

그동안 일이 특정 지역으로만 몰렸기 때문에 자연스럽게 사람들도 특정 지역으로 모였습니다. 그 때문에 일이 줄어든 지역엔 사람이 줄어들었습니다. 지역의 격차가 커지고 지방소멸이라는 개념까지 나왔습니다. 지역에 남아있는 청년은 열심히 노력하지 않거나 꿈이 없어서 남아있는 것처럼 보이기까지 합니다.

일과 사람이 많이 모인 지역에서는 일과 사람들을 둘러싸고 문제가 많이 생겨났지만 경제성장을 위해 참았습니다. 그런데 성장이 주춤하면서 그동안 참았던 문제들이 드러나고 다양해졌습니다. 일만 하느라 관계도 사라졌기 때문에 사람 사이의 문제를 중재해줄 중재자가 나올 수 없습니다. 오로지 표준화된 법에 의존할 수밖에 없습니다.

자본도 특정 사람이나 기업에게만 모였기 때문에 대부분의 사람들은 자본이 부족합니다. 자본이 부족하기 때문에 열심히 기업을 위해 일했습니다. 기업에 들어가 열심히 일만 하면 먹고 살 걱정은 없었습니다. 하지만 그 사이 집중된 자본으로 기업들은 어마어마한 부를 축적했습니다. 그 때문에 자본의 격차가 커지면서 빈부의 격차는 더욱더 커졌습니다. 이로 인해 중산층은 줄어들고 소비는 위축되며 돈이 돌지 않습니다. 집중된 자본이 순환하지 않습니다.

개별화되고 다양한 개인의 문제들을 해결하기 위해서는 문제를 표준화하고 획일화해서는 안 됩니다. 표준과 획일화한 기준에 개인을 맞추던 시대는 이제 갔습니다. 문제가 너무나 다양해서 하나의 기준에 맞추기가 힘듭니다. 하나의 기준에 맞추려고만 하면 기준에 맞지 않는 사람은 가려져서 보이지 않습니다. 분명 사람이 있는데 보이지 않습니다. 이제는 다양한 문제들을 그 자체로 인정하고 그에 맞는 해결방법을 찾아야 합니다. 그러려면 그에 맞는 사고를 하는 사람이 필요합니다. 좀 더 개별화되고 다양한 사람이 필요합니다. 그에 맞춰 교육도 개별화하고 다양화해야 합니다. 그런데 지금의 대한민국은 아직도 고성장시대에 맞는 일과 사람을 원하고 있습니다. 여전히 표준화되고 획일화된 일과 사람이 우리 사회가 지닌 문제를 해결해줄 것이라고 생각합니다.

현대 사회는 일을 해서 먹고사는 시대가 아니라 돈을 벌어야 먹고사는 시대입니다. 아무리 일을 많이 한다고 해도 돈이 되는 일이 아니라면 먹고살 수가 없습니다. 이 때문에 우리 삶은 많은 것들이 변했습니다.

첫째는 일을 바라보는 관점이 변했습니다. 아무리 일을 열심히 해도 돈을 벌지 못하면 먹고살 수가 없기 때문에 돈이 되는 일만 인정받습니다. 심지어 사람들은 일을 하지 않고 돈을 벌 수만 있으면 그게 가장 좋은 것이라고 생각합니다. 일의 가치보다 돈의 가치가 우선하는 시대입니다. 요즘 초등학생들의 희망직업 중 하나가 임대업자인 이유이기도 합니다.

둘째는 돈을 바라보는 관점이 변했습니다. 돈은 교환의 수단이었고 먹고살기 위해 필요한 것이었는데 지금은 돈이 돈을 버는 시대라서 돈을 벌기 위해 돈을 버는 신기한 현상이 벌어지고 있습니다. 그러다 보니 일을 해서 돈을 버는 속도보다 돈을 통해서 돈을 버는 속도가 더 빨라졌습니다. 이는 사람들의 일하고자 하는 의욕을 좌절시키고 있습니다.

셋째로 사람을 바라보는 관점이 변했습니다. 돈을 벌어야 먹고살 수 있는 시대이기 때문에 사람들은 돈을 버는 사람만 가치 있다고 생각합니다. 아무리 성실하고 일을 잘해도 돈을 벌지 못하면 가치 없는 사람으로 봅니다. 반면에 성실하지 않고 인성이 나쁘더라도 돈만 잘 벌면 가치 있는 사람으로 봅니다.

마지막으로 삶을 바라보는 관점이 변했습니다. 돈을 벌어야 행복한 삶이라는 생각을 하니 정작 삶을 즐기거나 자신만의 행복을 성찰할 기회가 없습니다. 오로지 돈으로 많은 소비를 할 수 있어야 행복하다고 생각합니다. 누군가 나보다 돈을 더 많이 가지고 더 많이 소비하면 나는 영원히 행복할 수 없을 것만 같은 생각이 듭니다. 그러니 돈을 더 벌기 위해 주위의 관계는 다 끊고 살아갑니다. 행복한 삶을 사는 게 아니라 소비하는 삶을 살고 있습니다.

경제란 사람이 생활하는 데 필요한 재화나 용역을 생산, 분배, 소비하는 모든 활동이라고 국어사전에 적혀 있습니다. 돈이나 상품을 위해 일을 하는 것이 아니라 사람이 생활을 하기 위해 일을 하는 것입니다. 돈을 버는 활동이 아니라 생산, 분배, 소비하는 활동입니다. 이 활동을 위해 돈이 필요한 것입니다. 경제에 대한 잘못된 개념들을 당연하게 여기는 경우가 많습니다.

돈을 많이 모으면 내 문제가 해결되고 사회의 문제도 해결될 것이라고 생각합니다. 하지만 돈만 많이 모은다고 해서 문제가 해결되지는 않습니다. 오히려 돈을 많이 모으려다 보니 사람들 사이에 문제가 커지기도 하고 사회 불평등 문제가 생기기도 합니다. 이제는 모으는 것보다 어떻게 잘 나누느냐가 중요합니다. 잘 나누다 보면 나누는 과정에 다양한 관계가 생기고 그 관계 안에서 여럿의 힘으로 사회문제가 해결되기도. 합니다. 굳이 돈이 없어도 사회문제를 해결할 수 있습니다.

이 책은 경제 안에서 일, 돈, 사람을 모으는 과정에서 배제된 일을 비롯해 어느 순간부터 보이지 않게 된 돈, 사람 등을 마을 안에서 보이도록 해서, 보이는 나눔이 일어나도록 하자는 것입니다. 경제를 성장시켜서 나누는 것이 아니라 기존 경제 안에서 눈에 보이지 않는 나눔을 눈에 보이도록 활성화시켜서 경제가 순환할 수 있게 하자는 것입니다.

어느덧 나눔교육을 시작한 지 15년이 되었습니다. 그동안 참 많은 곳에서 나눔에 대해 이야기를 나눴습니다. 이야기의 마지막에는 꼭 경제 이야기가 나옵니다. 그러면 나눌 돈이 없다고도 하고 형평성 문제도 떠오릅니다. 그럴 때마다 답답했습니다. 꼭 돈을 나누자는 얘기가 아닌데 말입니다. 그래서 언젠가는 경제에 관련된 책을 쓰고 싶었는데 이렇게 나오게 되어 기쁩니다. 기획부터 집필까지 3년 넘게 걸렸습니다. 썼다 지웠다 순서를 바꿨다 하기를 수십 번도 더 했습니다. 그만큼 애정을 쏟은 책입니다.

출판계약을 하고 꽤 오래 지났는데도 독촉하지 않고 기다려준 착한책가게 출판사의 이성숙 이사님 고맙습니다. 책의 얼개를 짜주셔서 글을 쓸 수 있었습니다. 또 그동안 나눔학교 1기, 2기와 함께 책을 읽고 영상을 보고 많은 이야기를 나눴기에 집필이 가능했습니다. 또한 고맙습니다.

2020년 3월, 코로나19로 사회가 멈춘 어느 날,

전성실

1장

일과 삶에 관한 가장 아름다운 풍경

일의 개념이 바뀌고
일의 목적이 바뀌고
일의 대상이 바뀌고 있습니다.
일을 해서 먹고사는 게 아니라 돈을 벌어서 먹고사는 세상이 되었습니다.
일을 해서 돈을 버는 게 아니라 돈을 버는 게 일이 되고 있습니다.
돈이 안 되는 일은 점점 보이지 않습니다.
그 일이 삶을 위한 일이라도 말입니다.

미래를 위한 일

죽기 살기로 공부해서 좋은 대학에 입학하고
또 죽기 살기로 공부해서 대기업에 입사했는데 또 죽기 살기로 일해야 하는
대한민국 청년들의 삶은 행복할 틈이 없습니다.
일을 하는 목적이 현재의 행복보다는 미래의 행복을 위한 것입니다.

그 날 저녁, 늦은 시간까지 불이 켜진 달인의 사무실. 모두가
퇴근한 뒤에도 달인은 혼자 남아 있는데요.

"남들 놀고 쉴 때, 퇴근할 때 같이 따라서 하면 제가 원하는 걸
이룰 수 없으니까 그래서 이렇게 되는 것 같아요."

"원하는 게 있으세요? 바라는 거."

"제가 바라는 게 있다면… 뭐…."

갑자기 머뭇거리는 달인.

"음… 글쎄요, (눈물 글썽이며) 이런 질문 자체가 되게 오랜만이
라서…."

"정신없이 살아오셨나 봐요."

"네…."

그저 앞만 보고 달려온 지난날, 진정 자신이 바라는 것이 뭔지 생각해볼 겨를도 없이 열심히 일에만 전념해왔다는 달인.

"그래도 최고가 되려고 많이 노력하고 있으니까 더 열심히 해야죠."

"이미 최고 아니세요?"

"항상 부족하죠."

– SBS 〈생활의 달인〉 '중고 휴대전화의 달인' 편, 2018년 4월 9일

여러분은 누구를 위해 열심히 일하시나요? 무엇 때문에 그렇게 열심히 일하시나요?

항상 최선을 다해 열심히 일했는데 누구를 위해, 무엇을 위해 그렇게 열심히 일하는지를 물었을 때 대답을 하지 못하고 울먹이는 달인을 보며 저도 울컥했습니다. 왜 달인은 대답을 하지 못했을까요? 아마도 가장이라는 사회적 책임감에 열심히 일해야 한다고 생각했지만 정작 왜 열심히 일해야 하는지에 대해서는 누구도 물은 적이 없고 자기 스스로도 물어본 적이 없기 때문일 것입니다. 그러다 퇴직을 하고 인생을 돌아보면 무엇이 남을까요? 무작정 앞만 보고 달려왔는데 더 이상 달릴 앞이 사라지

니 말입니다.

일을 하는 것 자체도 중요하지만 일을 하는 목적도 중요할 텐데 우리 사회에서는 누구도 그것에 대해 질문하지 않습니다. 남이 해주지 않으면 스스로라도 해야 할 텐데 먹고살기에 급급하니 그 또한 사치로 느껴집니다. 그럴 수밖에 없는 데에는 사회의 책임도 있습니다. 열심히 일하는 것 자체가 인정받는 사회이기 때문에 당장의 인정을 받기 위해 일하는 사람들이 많아지고 있습니다.

"아무래도 요새 옛날과는 다르게 경쟁이 더 심한 것 같고 저희 세대의 경우에는 80세까지 일해야 된다고 할 만큼 어려운 상황에 놓인 것 같아요. 이제 나이가 들 때까지 일을 하려면 저 나름대로의 경쟁력을 가져야 한다고 생각해서 입사하고 물론 몸도 힘들고 적응하기도 쉽지 않지만 그런 부분에 있어서 나름대로의 경쟁력을 갖기 위해 꾸준하게 자기계발을 하고 있습니다."

밤 11시가 돼서야 집으로 향하는 문기 씨, 그의 쉼 없는 질주는 언제까지 계속되는 것인지 기약이 없어 보입니다.

– SBS 〈경쟁하는 당신 행복하십니까〉, 2011년 10월 31일

죽기 살기로 공부해서 좋은 대학에 입학하고 또 죽기 살기로 공부해서 대기업에 입사했는데 또 죽기 살기로 일해야 하는 대한민국 청년들의 삶은 행복할 틈이 없습니다. 앞의 달인과 비슷하게 앞만 보고 일합니다. 일을 하는 목적이 현재의 행복보다는 미래의 행복을 위한 것입니다. 미래의 행복을 위해 현재의 행복 따위는 잠시 미뤄두고 보험식 교육을 계속 받으며 살고 있습니다.

10년 전 스웨덴의 푸투룸 학교를 방문한 적이 있는데, 그때 본 푸트룸 학교 아이들의 표정을 잊을 수가 없습니다. 사춘기 중학생이라 예민할 때인데 누구 하나 방문객인 우리를 향해 인상을 찡그리거나 쭈뼛쭈뼛 피하지 않고 오히려 미소를 지으며 반갑게 맞아주었습니다. 평소에 행복하지 않다면 그런 표정을 지을 수 없었을 것입니다. 함께 갔던 선생님들 모두 스웨덴의 아이들은 행복하기 때문에 자존감이 높고 자존감이 높으니까 당당하게 웃으며 외국인을 맞이할 수 있는 것이라 추측했습니다.

스웨덴 아이들은 왜 행복해 보일까요? 저는 그 답을 스웨덴의 스톡홀름 공항에서 찾았습니다. 스톡홀름 공항 로비에서 본 사진이 기억납니다. 외국인들이 처음 들어오는 길목에 평범한 사람들의 인물사진을 걸어놨습니다. 우리나라 같으면 유명 정치인이나 연예인 사진을 걸어놨을 텐데요, 스웨덴에서는 유명인 중간중간에 평범한 일반 국민들 사진을 걸어놨습니다. 몇 년 뒤

■ 스웨덴 공항 입국장 벽에 걸려 있는 사진들

스웨덴에 다시 갔는데 그 사진들은 여전히 걸려 있었습니다. 외국인에게 무엇을 알리고 싶은 걸까요? 제가 느끼기에 스웨덴이란 나라는 모든 국민을 존중하는 나라라는 인상을 깊게 받았습니다. '너희 뒤에는 국가가 있으니 안심하고 하고 싶은 일을 하면서 살아도 좋다'고 하는 국민정서가 깔려 있다는 생각이 들었습니다. 그러니 그런 곳에서 자라는 아이들이야 당연히 행복하지 않을까 생각했습니다.

그래서 한국에 돌아오자마자 행복이란 단어가 들어간 책을 모두 빌려봤습니다. 그중 가장 인상 깊게 다가온 문장이 있습니다.

"행복은 즐거움과 의미의 포괄적인 경험이다."

하버드 대학에서 행복학을 강의하는 탈 벤 샤하르 교수는 《해피어》라는 책에서 위와 같이 행복을 정의합니다.

탈 벤 샤하르는 인간의 유형을 쾌락주의자, 성취주의자, 허무주의자, 행복주의자, 네 가지로 구분합니다. 현재의 즐거움만을 추구하는 사람을 쾌락주의자, 미래의 행복을 위해 현재의 즐거움을 희생하는 사람을 성취주의자, 행복을 단념하고 삶에 아무런 의미가 없다고 믿으며 체념한 사람을 허무주의자, 현재의 즐거움과 미래의 행복을 동시에 추구하는 사람을 행복주의자라고 합니다.

예를 들면 공부는 포기하고 노는 것을 좋아하는 아이는 쾌락주의자, 현재보다는 미래의 행복을 위해 공부만 하는 아이는 성취주의자, 모든 게 귀찮아 포기하는 아이는 허무주의자, 놀면서 공부를 열심히 하는 아이는 행복주의자라고 할 수 있겠습니다. 행복은 현재나 미래의 즐거움 중 하나만 추구해서는 얻을 수 없습니다. 현재와 미래가 모두 행복해야 진짜 행복이라는 이야기입니다.

일도 마찬가지입니다. 현재나 미래를 위해서만 일을 하기보다 현재와 미래가 모두 행복해야 진짜 행복하게 일할 수 있습니다. 미래의 행복을 모아야만 행복한 것이 아니라 현재의 행복도 나눌 수 있어야 진정한 행복을 누릴 수 있습니다.

모두를 위한 문제

"그럼 내가 어떻게 해야겠어? 난 폭력적인 건 원치 않아."

"세상에서 제일 나쁜 건 폭력이 아냐."

"그럼 뭐야?"

"무관심."

– 영화 〈북 오브 헨리〉

"아파트 단지는 도시 환경 수준이 방치된 상태에서 단지라는 일정한 구역 내에 놀이터, 녹지, 휴게 공간, 운동시설 등 모든 것을 갖추고 있습니다. 일정 수준 이상의 환경을 갖춘 동네와 집을 공급하는 거죠. 시민들에게 자기 돈을 주고 구매하게 만든 겁니다. 모든 시민들이 일정 수준 이상의 동네와 집을 소유하고 싶은 욕구를 아파트 단지를 통해서 충족하는 것 이외에는 마땅한 대안이 없었던 거죠."

– 박인석 교수(명지대학교 건축학부 교수),
EBS 다큐프라임 〈아파트 중독〉 2부 '시간이 만든 집', 2014년 2월 11일

태어나서 첫 해외 여행지가 파리입니다. 우연히 파리에 세 번이나 다녀왔습니다. 파리에 갈 때마다 느끼는 거지만 파리는 옛 거리의 정취를 느끼기에 제격인 곳입니다. 그런데 파리에는 아파트가 우리처럼 많습니다. 우리로 치면 여의도라고 할 수 있 는 시테 섬에도 아파트가 많습니다. 얼마 전 큰 화재가 났던 노 트르담 성당 바로 옆에도 아파트가 있습니다. 그런데 길을 다닐 때 아파트 옆을 걷는다는 느낌은 들지 않았습니다. 이유를 생각 해보니 파리의 아파트는 층수가 낮을뿐더러 우리와 같은 단지가 아닙니다. 단지가 아니라는 얘기는 아파트에 주차장, 공원, 놀이 터가 없다는 것입니다. 파리의 아파트에 사는 사람들은 조금 불 편하지만 공용 주차장, 시립(구립) 공원, 시립(구립) 놀이터를 이용 하고 있었습니다. 굳이 주차장, 공원, 놀이터를 구매하기 위해서 비용을 지불할 이유가 없습니다. 이미 시에 낸 세금에 그것을 이 용하기 위한 비용이 포함되어 있기 때문입니다.

또한 파리의 초등학교는 운동장이 없습니다. 운동장이 없기 때문에 체육을 일주일 중 하루로 몰아 차를 타거나 걸어서 동네 체육관으로 가서 한꺼번에 하고 옵니다. 이때 학교는 체육관을 소유하기보다는 이용료를 낼 뿐입니다. 그것도 시립(구립)이기 때 문에 아주 적은 비용만 내면 됩니다.

파리 시민들은 자신의 문제를 해결하기 위해 개인자본보다 공공자본을 이용합니다. 그래서 개인자본을 늘리기 위해 일을 많이 하기보다 공공자본을 늘려서 일을 적게 하고도 자신들의 문제를 해결하려고 합니다.

이에 반해 우리는 아파트에 살지 않으면 주차장, 공원, 놀이 터를 이용하기가 쉽지 않습니다. 그런데 그것들을 구청이나 시 청에 요구하기보다는 그것들이 있는 아파트에 입주하기 위한 노 력만 합니다. 그래서 개인자본을 극대화해야만 자신의 행복도가 올라간다고 생각합니다. 이는 자연스럽게 공공자본에 관심을 적 게 갖는 이유가 됩니다.

사람은 혼자 살기 어려운 존재입니다. 태어날 때부터 혼자서 는 일어서지도 먹지도 못하는 불완전한 존재입니다. 아무리 뛰 어난 사람도 처음엔 불완전하기 때문에 누군가의 도움을 받으며 살고 나중엔 누군가를 도와가며 살아야 합니다. 그래야 다음에 태어나는 불완전한 사람이 살아갈 수 있는 힘이 생깁니다. 이런 개인의 불완전함에서 비롯된 문제를 가진 사람들이 점점 많아지 고, 도시에 모여 살면서 혼자서는 해결하기 힘든 문제들이 점점 더 많아지고 있습니다.

"엄마, 오늘 가게에서 봤던 여자 있잖아. 엄만 그 여자를 도우 려고 하지 않았어."

"말했잖아. 그건 우리가 상관할 일이 아니야."

"누가 사람을 해치려 할 때는 상관있다고 생각해."

"그래야 한다는 건 알지만 내가 할 수 있는 게 아무것도 없어."

"엄마, 만약 모든 사람이 그렇게 한다면 스스로를 지킬 수 없
는 사람을 돌봐줄 사람은 아무도 없을 거야."

"그럼 내가 어떻게 해야겠어? 난 폭력적인 건 원치 않아."

"세상에서 제일 나쁜 건 폭력이 아냐."

"그럼 뭐야?"

"무관심."

– 영화 〈북 오브 헨리〉 중에서

개인의 문제가 모여서 사회의 문제가 되기도 하고 사람이 모
임으로써 생기는 문제도 많아지고 있는데, 이를 누가 해결해야
하느냐를 바라보는 관점은 차이가 있습니다. 모인 사람들이 공
동의 문제로 보고 함께 해결해야 한다고 보는 관점과, 모인 사람
들 공동의 문제라기보다는 개인의 문제로 보고 개인이 혼자 해
결해야 한다고 보는 관점이 있습니다. 이때 사회가 함께 해결하
기 위해서는 사회적자본이 필요하고 개인이 해결하기 위해서는
개인자본이 필요합니다.

사회자본은 사회 구성원 상호 간의 이익을 위해 협동을 촉진
하는 문화나 규범 같은 것으로, 인간관계와 사회를 유지시켜
주는 기본적인 가치이다. 공동생산과 타임뱅킹의 선구자인 에
드가 칸은 이를 가족과 공동체 사회를 유지시켜주는 '핵심경
제'라고 달리 말하였다. 이처럼 사회자본은 경제를 지탱해주
는 역할을 하지만, 시장의 원리가 여기에는 적용되지 않는다.

– 《이기적 경제학 이타적 경제학》, 87쪽

사회가 함께 해결하기 위해서는 세금과 같은 공공자본뿐만
아니라 사회적자본도 필요합니다. 사회적자본은 신뢰, 나눔, 협
동 등과 같이 함께 모여 사는 데 필요한 정신적 가치와 이를 구
현하기 위한 공공서비스와 제도, 규범 등을 의미합니다.

현재 자본주의 사회는 돈만 있으면 모든 것을 소비로 해결할
수 있는 시대이기 때문에 개인자본이 풍족하다면 얼마든지 개인
의 문제를 스스로 해결할 수 있습니다. 그러기 위해서는 부모의
재산이 많거나 자신의 재산이 많아야 합니다. 그러면 다른 사람
의 도움 없이 혼자서도 얼마든지 살 수가 있습니다. 그래서 사람
들은 불편하게 다른 사람의 도움을 받거나 다른 사람을 돕기보
다는 소비에 필요한 돈을 벌려고 합니다.

하지만 그렇지 못한 사람들은 개인자본이 부족하기 때문에

누군가에게 의존할 수밖에 없습니다. 그렇게 누군가에게 의존해야 하는 사람들이 점점 늘어나고 있습니다. 그런데 여러 가지 사회변화를 겪고 있는 우리는 더 이상 개인자본을 늘릴 수 있는 방법이 많지 않습니다. 그렇기 때문에 개인자본에만 집중하기보다는 공공자본이나 사회적자본을 늘리는 방법을 찾아야 합니다. 이는 혼자 할 수 있는 것이 아닙니다. 사회구성원들의 합의가 있어야 하고 모두가 나눌 수 있어야 가능한 일입니다.

혼자 일을 많이 해서 개인자본을 늘려도 해결할 수 없는 문제들이 많아지고 있습니다. 구성원 모두가 문제의식을 가지고 함께 책임지려고 해야 해결할 수 있습니다. 최근에 코로나19로 인해 벌어진 일들을 통해서도, 개인의 노력도 중요하지만 무엇보다 국가와 지자체의 역할이 중요하다는 것을 알 수 있습니다. 분명 개인만의 문제가 아니고 개인만의 노력으로 해결되는 것도 아닙니다. 공동체의 나눔이 필요합니다.

개인자본의 감소

과거와 같은 고성장시대가 아니라 저성장시대이기 때문에
자녀들이 취업을 제대로 하지 못합니다. 이제는 부모만이 아니라
자녀까지 부양해야 하는 이중고의 시대입니다.
개인의 자본만으로 해결하기에는 너무나 한계가 많습니다.

　　인구보건복지협회가 출간한 유엔인구기금(UNFPA)의 〈2013년
세계인구현황 보고서〉 한국어판에 실린 서울대 의대 황상익 교
수의 추측에 따르면 조선시대 평균수명은 35세였다고 합니다.
조선 임금들의 평균수명이 45세인데 일반 평민들은 생활수준이
낮고 의료혜택도 적어서 35세 정도일 거라고 추측하고 있습니
다. 특히 임진왜란이 있었던 데다 전염병이 돌고 유아기에 사망
하는 일이 많았던 조선 후기에는 평균수명이 더 짧았을 것이라
고 합니다. 그러니 그 당시에는 환갑까지만 살아도 많이 살았다
고 잔치를 열어준 것입니다. 시집살이가 9년(눈 감고 3년, 귀 막고 3년,

입 막고 3년)이라는 옛말도 그래서 나온 것 같습니다. 시집와서 9년 정도면 시어머니가 돌아가시는 것입니다. 그 정도로 평균수명이 짧았고 세대 순환도 빨랐습니다.

해방 이후엔 40대였던 평균수명이 1970년대에 들어오면서 60대로 올라갑니다. 이 시대는 55세에 정년퇴직을 한 후 5년만 더 살면 죽음을 맞이하기 때문에 노후자금이 그리 많이 필요하지 않았습니다. 그래서 대부분 번 돈을 아이들 교육에 투자했습니다. 자녀들만 취업시켜 놓으면 자신들의 노후는 어느 정도 보장이 됐습니다. 심지어 경제성장기였기 때문에 자녀들의 취업도 잘 됐습니다.

지금은 평균수명이 83세입니다. 60세에 퇴직을 해도 20년을 더 살아야 하기 때문에 과거에 비해 노후에 자금이 많이 필요합니다. 그런데 노후를 대비해야 할 자금을 과거 자신의 부모 세대와 같이 자녀들 교육비나 결혼자금으로 소비하고 있습니다. 그에 따라 노년에 필요한 자금을 준비하지 못하는 노인들이 많아지고 있습니다. 게다가 평균수명은 100세를 향해 가고 있습니다. 20년 후, 30년 후에 평균수명이 몇 살까지 올라갈지는 아무도 모릅니다. 요즘처럼 명예퇴직이 많은 시기에는 인생의 절반을 놀아야 합니다. 소득 없이 노후를 오래 보내야 합니다.

이는 개인만의 문제라고 보기 힘듭니다. 일생에 일하는 기간의 비율이 과거에 비해 줄었기 때문에 평생을 놓고 볼 때 수익은 줄고 비용은 증가하는 불균형한 삶을 살고 있습니다. 평생 열심히 일하고 퇴직했는데 그 후에 할 수 있는 일은 많지 않습니다. 게다가 수명이 늘고 의료기술이 발달해서 노인의 수는 점점 많아지고 있는데 과거에 비해 암 발병률이나 치매에 걸리는 비율이 높아지니 의료비용이 높아지면서 전체적으로 노인들이 빈곤해지고 있습니다. 게다가 일본에서는 자녀가 노인을 부양하는 경우에는 자녀도 함께 빈곤해지는 친자파산이라는 현상까지 벌어지고 있습니다.

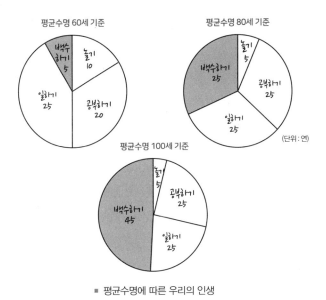

■ 평균수명에 따른 우리의 인생

현재 40~50대는 과거처럼 부모를 모시지는 않습니다. 하지만 경제적인 부양은 합니다. 과거에 함께 살며 모실 때는 모시는 것이 힘들었지만 평균 모신 기간은 그리 길지 않았습니다. 오래 살지 않기 때문에 지금처럼 암이나 치매에 걸린 노인이 많지도 않았습니다. 그런데 지금은 모시지는 않지만 경제적인 부양을 언제까지 해야 할지 알 수가 없습니다. 암이나 치매 발병률이 높아져서 의료비 지출도 만만치 않습니다. 게다가 과거와 같은 고성장시대가 아니라 저성장시대이기 때문에 자녀들이 취업을 제대로 하지 못합니다. 이제는 부모만이 아니라 자녀까지 부양해야 하는 이중고의 시대입니다. 개인자본만으로 해결하기에는 너무나 한계가 많습니다.

이는 개인이 일을 많이 해서 개인자본을 늘려서 해결할 수 있는 문제를 넘어서는 것입니다. 그렇기 때문에 사회가 함께 책임져야 합니다. 특정 세대에게 일을 집중시켜서 문제를 해결하라고 하기보다는 전 세대에 걸쳐 일을 나눠서 함께 문제를 해결해야 합니다. 책임을 분산해야 합니다. 그런데 그 책임을 분산할 후손들이 줄어들고 있습니다.

생산가능인구의 감소

최근 커뮤니티 케어라는 단어가 오르내리는 것도 이 때문입니다.
사회적 비용을 개인이 더 벌어서 해결하는 것이 아니라
관계회복을 위한 사회적자본을 늘리는 것이 우선입니다.
전체적으로 비용을 줄여서 해결하려는 움직임이 시작된 것입니다.

2015년 일본으로 기관 탐방을 다녀온 적이 있습니다. 여러 기관을 다니다 안내와 통역을 맡아준 친구의 집을 방문하게 되었습니다. 동경에서 지하철로 서쪽으로 30~40분 정도 걸리는 '다마시'라는 곳이었습니다. 우리나라 분당이나 판교와 같이 대규모 아파트 단지가 있는 곳이었습니다. 3월 토요일 저녁이어서 사람들이 많을 것이라고 생각하고 갔는데 전철역이나 아파트 단지에 사람이 별로 없어서 '다들 일찍 귀가해서 저녁을 먹는가 보다'라고만 생각했습니다.

한국으로 돌아와 TV에서 〈명견만리〉라는 프로그램을 보는

데 다마시가 나와 반가워서 유심히 보다가 사람들이 없던 이유를 알게 되었습니다. 분양 당시인 1980년대와 비교해서 이미 12만 명이 넘는 사람들이 도시를 떠났다고 합니다. 지금은 15층짜리 아파트 한 동에 다섯 가구 정도만 산다고 합니다. 그것도 연금을 받으며 자기 집을 가진, 혼자 사는 노인들만 삽니다. 아이들이 줄어 아이들과 관련된 사업이 무너지면서 아이를 둔 젊은 가족들은 떠나고 도시 자체가 노령화되고 있다고 합니다.

이는 동경 외곽만의 문제가 아니었습니다. 동경 안에 있는 스가모 시장은 노인들이 물건을 사고 파는, 노인들의 시장입니다. 이 시장이 속해 있는 도시마 구에서는 지난 50년 동안 초중생 80%가 줄었다고 합니다. 아이들이 도시마 구를 떠난 게 아니라 자연감소라는 것입니다. 그 영향으로 스가모 시장 뒷골목에 있는 초등학교도 철거공사를 진행하고 있었습니다.

최근 우리나라에서도 초중고 통폐합이 진행되고 있습니다. 학생 수가 줄어서 두 학교나 세 학교를 하나로 통합하는 작업을 하고 있습니다. 심지어 서울에서도 그런 일이 일어나고 있습니다. 2017년 금천구의 두 초등학교가 하나로 통합했습니다. 학생 수가 부족해서 두 학교 모두 정원을 채우지 못했기 때문입니다.

제가 다닌 초등학교는 전교생이 9,500명이 넘는 초대형 학교였습니다. 1학년 입학을 했더니 오전 오후반 24반으로 한 반에 80명이 넘었습니다. 누가 우리 반 친구인지도 모를 정도로 학생이 많았습니다. 그런데 지금은 전국 초등학교 한 반 평균 학생 수가 23명이 조금 넘을 뿐입니다. 1970년생 이후로 아이들 수는 줄어들기 시작했습니다.

만 15세부터 65세를 생산가능인구라고 하는데 이 인구가 갑자기 줄어드는 것을 인구절벽이라고 합니다. 일본은 이 현상과 지방소멸 현상을 연결하고 있습니다. 노인은 늘어나는데 생산가능인구는 줄어들어서 세금을 받을 사람은 늘고 낼 사람은 줄어드는 현상 때문에 지방의 자치 기능이 멈춘다는 것입니다. 우리도 최근에 지방의 40%가 소멸할 것이라고 예측하고 있습니다. 우리나라는 현재 전체 인구는 늘고 있는데 생산가능인구는 줄어들고 있습니다.

전국 읍면동 가운데 소멸 위험지역에 처한 곳은 2013년 1,229개(35.5%)에서 올해 1,503개(43.4%)로 5년 사이에 274개 (7.9% 포인트)나 늘어났다. 경남 합천, 남해, 경북 의성, 군위, 청송, 영양, 청도, 봉화, 영덕, 전남 고흥, 신안군은 소멸지수가 0.1로 조만간 사라질 초위험 지역으로 분류됐다. 지수 0.2를 기록 중인 곳도 41곳이나 됐다.

– 〈중앙일보〉 2018년 8월 13일 자, 김기찬 기자

늘어나는 노인을 부양해야 하는 생산가능인구의 감소로 개인자본만이 아니라 사회적 비용의 부족이 예상됩니다. 이는 돈으로 해결할 수 있는 수준을 넘어설지도 모릅니다. 결국 돈만으로는 해결하기 어려울 수 있습니다. 오히려 사회적자본의 회복을 통한 관계회복을 우선으로 해야 할지도 모릅니다. 최근 커뮤니티 케어라는 단어가 오르내리는 것도 이 때문입니다. 사회적 비용을 개인이 더 벌어서 해결하는 것이 아니라 관계회복을 위한 사회적자본을 늘리는 것이 우선입니다. 전체적으로 비용을 줄여서 해결하려는 움직임이 시작된 것입니다.

사회적 비용을 감당할 수 있는 청년세대가 줄어들기 때문에, 사회적 비용을 해결하기 위해 돈을 더 모으는 것은 어렵습니다. 이에 사회적 비용을 줄이는 방법이 적절하게 보이는 것입니다. 그런데 우리는 현재의 문제는 덮고 개인들에게 미래를 위해 열심히 일하라고만 합니다. 열심히 일해서 돈을 많이 벌면 모든 문제가 해결되는 것처럼 말입니다.

일을 하는 기준의 변화

"전 바트라고 합니다. 앞으로 살 날이 12년 남았죠.
앞으로 성냥개비로 타이타닉 호를 만들 생각입니다."
"이름은 헨리, 앞으로 6년 남았습니다. 전 앞으로 수자폰을 배울 생각입니다."
– 영화 〈이웃집에 신이 산다〉

인구절벽으로 사라질 위기에 처한 일본의 한 마을에서 일어난 일을 그린 드라마가 있습니다. 젊은이들은 다 도시로 떠나고 노인들만 살며 농업을 주로 하는 마을을 배경으로 한 드라마입니다. 모두가 힘을 합쳐 농업법인을 만들어 유기농업으로 마을을 일으키는 과정에서, 한 농민이 실수로 유기농약이 아닌 일반 농약을 친 사실이 외부에 알려져 마을이 위기에 빠집니다. 이때 기자회견장에서 법인의 대표가 이렇게 말합니다.

"우리가 운영하는 농가는 늘 실패를 해왔습니다. 퇴비 배합이 잘못돼 벌레가 나온다거나 뿌리가 썩었다거나. 저도, 돌아가신 아버지도 실패뿐이었습니다. 그래도 밭에서라면 몇 번이든 실패해도 좋다고 생각합니다. 한 번, 두 번 실패해도 열 번, 백 번, 천 번을 실패해도 밭은 용서해줍니다. 아무리 실패해도 마지막엔 꼭 용서해주었습니다. 그게 밭입니다. 그것이 농업입니다."

"그래도 세상은 용서하지 않아요."

"만약 그렇다 해도 실패를 용서하지 않는다면 농가라고 할 수 없습니다. 우리들의 동료 뎃페이를 용서하지 않으면 밭을 일굴 자격이 없다고 생각합니다."

"그게 마을 모두의 의견이라 생각해도 될까요?"

"모두 같은 마음일 거라 생각합니다."

"그 판단이 농업법인으로선 치명타가 되지 않을까요?"

"채소로 잃은 신용은 채소로 찾겠습니다. 좀 더 좋은 채소를 가꾸겠습니다. 우리들은 농가니까요."

"부정을 저지른 농가를 봐주는 건가요?"

"지금 우리에게 소중한 것은 무엇보다 사람입니다."

– 일본드라마 〈한계취락 주식회사〉 5화 중에서

위와 같은 일이 생길 경우 보통은 마을의 이익을 위해, 실수한 농민을 처벌하고 조직에서 내보내고 마을과는 관계없는 사람이 한 일이라는 식으로 대처하고 위기를 넘어가려고 합니다. 그럴 경우 실수를 한 농민은 마을에서 어떠한 것도 할 수가 없습니다. 하지만 드라마 〈한계취락 주식회사〉에서는 실수한 농민을 용서하고 같이 위기를 넘기려고 합니다. 물론 드라마에서는 곧바로 소비자들이 등을 돌려 마을이 더 큰 위기에 처하게 됩니다. 하지만 결국 마을 구성원 모두가 더 단결하고 힘을 모아 위기를 극복합니다.

마을 사람들은 마을의 이익을 위해 사람을 버리지 않았습니다. 마을의 이익보다는 사람을 살리는 데 목적을 두었습니다. 일을 하는 목적이 공동체의 이익만이 아닌, 관계가 있는 사람을 지키는 것이었습니다. 개인의 현재가 없으면 공동체의 미래도 있을 수 없음을 보여줍니다.

일을 하는 기준이 변하고 있습니다. 수렵과 채집을 하던 시대에는 사람이 먹고살기 위해 일을 했습니다. 사람이 먹고사는 것이 우선이었습니다. 특별히 잉여생산물이란 것이 없었기 때문에 그때그때 필요한 것들을 얻기 위해 일을 했습니다.

농업혁명이 일어나면서부터 생산량이 늘어나고 저장이 가능해져 잉여생산물이 생겼습니다. 잉여생산물을 교환할 수 있게 되고 권력을 얻는 사람이 나오면서 먹고사는 데 필요한 것 이상을 얻기 위해 일을 하게 되었습니다. 많은 사람들이 자신에게 필요한 만큼보다 더 많은 일을 할 수밖에 없었습니다.

이는 산업혁명을 거치면서 더 심해졌습니다. 자본을 가진 사람들은 자신이 원하는 만큼의 생산량을 얻기 위해 사람들이 더 많은 일을 하도록 만들었습니다. 그러다 보니 일을 위한 일을 하게 되었습니다.

그러다 지금은 일을 해서 돈을 버는 것만이 아니라 돈으로 돈을 벌 수 있는 시대가 되었습니다. 돈을 가지고 주식이나 부동산 투자, 금융 등을 활용해 더 많은 돈을 벌 수도 있고, 돈을 축적할 수도 있습니다. 그래서 필요한 만큼보다 더 많은 돈을 벌기 위해 일하는 사람들이 많아졌습니다.

사람을 목적으로 일을 하는 시대에서 일을 목적으로 일을 하는 시대를 지나 지금은 돈을 목적으로 일을 하는 시대입니다. 즉, 사람이 먹고살기 위해 일을 하던 시대에서, 필요한 것 이상의 일을 해내기 위해 일하던 시대를 지나, 지금은 돈 자체를 목적으로 일을 하는 시대가 된 것입니다.

사람을 목적으로 하면 사람이 원하는 일을 사람이 만족할 때까지 해야 하고, 일을 목적으로 하면 일을 마칠 때까지 일해야 하고, 돈을 목적으로 하면 돈이 될 때까지 일해야 합니다. 사람이나 일은 그 끝이 있지만 돈은 끝이 없습니다. 많이 벌면 벌수록 좋다는 생각을 하니 끝없이 일해야 합니다.

사람을 목적으로 하면 사람이 원할 때 시작해서 원하지 않을 때 그만둘 수 있습니다. 일을 목적으로 하면 정해진 일을 마칠 때까지 일을 해야 하기 때문에 일을 시간대별로 쪼개서 할 수밖에 없습니다. 돈을 목적으로 하면 벌고 싶은 금액을 먼저 정하고 그 금액에 맞는 일을 정해서 시간대별로 쪼개서 관리하면서 해야 합니다. 많이 벌고 싶으면 더 많은 일을 정해서 쪼개야 하기 때문에 시간대별로 해야 할 일의 양이 늘어날 수밖에 없습니다. 그만큼 사람이 일의 객체가 될 수밖에 없고 사람은 돈을 벌기 위한 수단이 될 수밖에 없습니다.

"저기… 얼마나 일해야 사원이 됩니까? 근무평정 있는 거지요?"

"방금 말씀드렸지만 이번엔 아르바이트생 모집이어서요. 정사원 채용에 대해선 드릴 말씀이 없습니다."

"불황 등 여러 사정이 있어서요. 가족도 있어서 서둘러 정사원이 되고 싶습니다. 점장님도 아르바이트부터 시작하신 거죠?"

"그런 건 다른 분께도 얘기하지 않은 거여서… 죄송합니다. 그리고 손님 접대뿐만 아니라 조리 보조를 할 수도 있는데 괜찮나요?"

"이력서를 보면 알겠지만 저는 사실 이런 일을 할 사람이 아닙니다. 역시 남자의 간절한 마음을 여성분은 잘 모르시나 보네요."

"무슨 뜻인가요?"

"됐습니다. 이력서 돌려주세요."

"아직 면접이 끝나지 않았습니다."

"시간이 아깝습니다."

"이러시는 건 아니지 않나요?"

"뭐야? 잘난 체하기는. 내 시간을 헛되게 하지 마."

"틀렸습니다. 정장 차림을 보고 어쩌면 젊은 사람보다 성실히 일하실 수도 있겠다고 한순간 기대했습니다. 하지만 이 일을 바보 취급하는 사람은 고용하고 싶지 않습니다. 기대한 제가 시간을 헛되게 쓴 겁니다."

"당신의 시간 따위 나하곤 상관없어. 남자도 없이 할 일 없으니 점장이나 하고 있는 거 아냐? 어차피 그 정도 수준이겠지."

"그것도 틀렸습니다."

– 영화 〈결혼하지 않아도 괜찮을까〉 중에서

일을 하는 기준이 사람이 아니라 돈이 되면서 일을 고르는 기준도 달라졌습니다. 누구와 어떤 일을 하는가보다 다른 것이 더 중요해졌습니다. 돈을 많이 받는 정규직이어야 하고, 자신의 학력에 맞는 일이어야 하고, 노동직보다는 사무직이어야 합니다. 자신은 이런 일을 할 사람이 아니라는 생각은 자신이 교육에 투자한 비용에 대한 보상심리가 작용한 것입니다. 사회적으로 인정받는 일인지 아닌지도 기준으로 작용합니다.

자신이 하고 싶은 일인지 아닌지는 중요하지 않은 시대입니다. 오히려 일부 사람들은 영화에서처럼 자신이 좋아하는 한 가지 일을 꾸준히 해온 점장 같은 사람을 업신여기기도 합니다. 정작 자신은 스스로 할 수 있는 일이 하나도 없으면서 말입니다.

"대부분의 분쟁지역에서 전쟁이 멈췄습니다. '세계의 화약고' 라 불리는 곳에도 '사망예측일'이 전달되었다는 소식입니다. 한편 SNS에는 이런 소식도 전해졌는데요.
'전 바트라고 합니다. 앞으로 살 날이 12년 남았죠. 앞으로 성냥개비로 타이타닉 호를 만들 생각입니다.'
'이름은 헨리, 앞으로 6년 남았습니다. 전 앞으로 수자폰(악기)을 배울 생각입니다.'"

— 영화 〈이웃집에 신이 산다〉 중에서

만약 사람이 자신의 사망일을 알게 된다면 어떤 일을 할까요? 아마도 자기가 하고 싶은 일을 하지 않을까요? 영화처럼 전쟁도 멈추고 자신에게 집중할 것입니다. 결국에는 남을 위하거나 사회를 위해 일하기보다 자신을 위해 일할 것입니다. 그것도 미래의 자신이 아닌 현재의 자신을 위해 일할 것입니다.

얼마나 더 많은 돈이 필요하며, 그 돈을 벌기 위해 얼마만큼 일해야 할지는 알 수가 없습니다. 늘어난 수명만큼 필요한 돈이 점점 늘어나기 때문에 언제까지 일을 해야 하는지 알 수가 없습니다. 앞으로 이런 경향은 점점 더 심해질 것입니다. 자신의 노후는 물론 일을 하지 못하는 가족을 책임지기 위해 쉬지 않고 일을 해야 할 것입니다.

그나마 고성장시대엔 돈을 위한 일을 해도 성취감이 있었기에 버틸 수 있었습니다. 일한 만큼 소득이 생겼기 때문에 자신과 가족을 책임진다는 생각에 힘든 것도 참을 수 있었습니다. 하지만 저성장시대에 들어선 지금은 일을 많이 한다고 해서 소득이 늘어나지 않습니다. 소득의 불균형 때문에 개인보다는 대기업이나 자산가들이 부를 독점하고 있어서 더 이상 소득을 늘리기도 어렵습니다.

그렇다면 일을 하는 기준이 변해야 할 것입니다. 일이나 돈을 위해서가 아니라 일의 주체인 사람을 위한 것으로 말입니다.

효율성보다 고유성

빌 포터는 일을 통해 자신을 더 많이 알게 되고
자신의 고유성도 발견합니다. 그러다 자신의 고유성만이 아닌
다른 사람들의 고유성도 발견하고 사람들이 지닌 고유성을 서로 연결해주는 일이
자신의 역할이라는 것을 깨닫습니다.

"안녕하세요. 저는 빌 포터인데 잠시 드릴 말씀이 있는데요.
왓킨스에 좋은 제품이 많거든요. 물론 마음에 안 드시면 전액
환불해드립니다."
"관심 없어요."
"누구야?"
"구걸하러 왔나 봐."

— 영화 〈도어 투 도어(Door to door)〉 중에서

빌 포터는 미국의 전설적인 방문판매왕입니다. 그가 전설이

된 이유 중 하나는 뇌성마비라는 장애가 있는데도 판매왕이 되었기 때문입니다. 그는 장애 때문에 내근직에는 취업을 할 수 없어서 외근을 주로 하는 왓킨스 사의 방문판매 영업사원이 되기로 결심합니다.

하지만 왓킨스 사도 빌 포터의 장애를 받아들이기는 힘든 시대였습니다. 그래서 빌 포터는 영업실적이 가장 나쁜 지역을 배정해달라고 합니다. 어차피 영업이 안 되는 지역이니 자신이 일만 할 수 있게 해달라고 말입니다. 결국 회사 측에서도 버리는 지역이라 생각하고 영업을 맡깁니다.

빌 포터는 그날부터 하루도 거르지 않고 집집마다 문을 두드립니다. 그때마다 들리는 소리는 장애인이 구걸하러 왔다는 말이었습니다. 그래도 굴하지 않고 꾸준히 문을 두드리니, 사람들은 그를 장애인이 아니라 자신들에게 필요한 물건을 파는 영업사원으로 보기 시작합니다. 그렇게 그 지역 사람들과 관계가 형성되면서 문이 하나둘 열리고 사람들은 자신에게 문제가 생기면 빌 포터를 찾기 시작합니다.

빌 포터의 장애만 볼 뿐 그의 진짜 모습을 보지 못하던 마을 사람들은 그의 인내와 끈기에 마침내 마음을 엽니다. 사람들은 그의 장애 때문에 자신들이 불편을 겪을 것이라 여겼고 그에게 뭔가 도움을 줘야 할 것 같다는 생각뿐이었습니다. 하지만 빌 포터의 꾸준한 노력으로 그의 진짜 모습을 보게 되면서부터 관계는 달라집니다.

빌 포터는 마을 사람들이 어려움을 겪거나 그를 필요로 할 때 항상 함께했습니다. 결국 사람들은 그의 장애만 보는 것이 아니라 그의 장점인 조정능력을 보면서 자신의 문제를 상담하기 시작합니다. 심지어 나중엔 빌 포터를 만나 이야기를 나누기 위해 자신에게 필요 없는 물건인데도 주문하는 일까지 벌어졌습니다.

영화 〈도어 투 도어〉는 뇌성마비가 있는 빌 포터가 판매왕이 된 실제 이야기를 영화화한 것으로, 사람은 누구나 나눌 것이 있다는 말이 떠오르는 영화입니다. 빌 포터는 실제로 돈을 버는 것보다 자신이 사람들을 위해 뭔가 할 수 있는 일이 있다는 사실 때문에 더 열심히 일했다고 합니다. 자신이 하는 일이 사람들에게 정말 필요한 일이라는 생각에 더 행복할 수 있었다고 합니다.

빌 포터도 일을 하기 전까지는 자신이 어떤 사람인지 알지 못했습니다. 빌 포터는 일을 통해 자신을 더 많이 알게 되고 자신의 고유성도 발견합니다. 그러다 자신의 고유성만이 아닌 다른 사람들의 고유성도 발견하게 되고 사람들이 지닌 고유성을 서로 연결해주는 일이 자신의 역할이라는 것을 깨닫습니다. 처음엔 사회에서 인정받기 위해 일을 시작했지만 일이 좋아 더 열심히 일을 했고 그러다 나중엔 사람들 각각이 지닌 가치를 드러내주기 위해 일을 합니다.

100년 전에는 아무리 부자인 사람도 사과를 먹으려면 가을까지 기다려야 했습니다. 보관시설이 발달하지 않아서 사과를 사시사철 먹을 수가 없었습니다. 그래서 아무리 돈이 많은 사람도 사과 농사 짓는 사람을 무시하지 않았습니다. 오히려 그들의 일을 귀히 여겼습니다.

과거엔 이렇게 많은 것들을 일정한 때가 되어야 먹을 수 있었습니다. 여름이 되어야 수박이나 참외를 먹을 수 있었고 가을이 되어야 사과를 먹을 수 있었습니다. 심지어 겨울엔 곶감 외에는 먹을 수 있는 과일이 거의 없었습니다.

또한 바닷가에 사는 사람들은 육고기를 먹기 힘들었고 내륙에 사는 사람들은 물고기를 먹기 힘들었습니다. 그래서 자기 고장에서 나는 것들을 먹었습니다.

당연히 그것을 키우는 일이 중요했고 그러한 일을 함부로 무시하지 않았습니다. 오죽하면 농사를 일의 근본이라고 했겠습니까? 아무리 돈이 많은 사람이라고 해도 사과를 먹으려면 가을까지 기다려야 했고 내륙에 사는 사람이 신선한 물고기를 먹으려면 바닷가까지 가야만 했습니다. 농사짓는 농부의 일과 고기 잡는 어부의 일이 가까이 있어야만 그것들을 먹을 수 있었습니다.

하지만 교통의 발달로 운송이 빨라지고 과학기술의 발달로 저장시설이 좋아지면서 돈만 있으면 언제 어디서나 먹고 싶은 것을 먹을 수 있게 되었습니다. 이제는 농부나 어부가 어떻게 일을 하는가보다는 내가 그것을 살 수 있는 돈이 있는지가 중요해졌습니다. 때와 장소의 제약을 받지 않게 되면서 특정한 시간과 공간에서 하는 '일'보다 그 일의 결과물을 살 수 있는 능력이 중요해졌습니다.

게다가 기계와 기술의 발달로 대량생산이 가능해지고 농수산물의 가격이 싸지면서 농산물 자체에 담긴 의미나 가치보다는 가격이 중요해졌습니다. 더 많은 식재료를 얼마나 더 싸게 살 수 있는지에 관심이 쏠립니다.

시공간의 제약에서 벗어나면서 삶은 편안하고 풍요로워졌지만 어떠한 일이 지닌 고유한 가치는 제대로 평가를 받지 못합니다. 그러다 보니 요즘엔 많은 사람들이 일을 해서 돈을 벌기보다 일을 하지 않고 돈을 벌 수 있는 삶을 원합니다. 심지어 어린 아이들이나 청소년들도 장래희망을 건물주라고 이야기하는 상황까지 왔습니다. 뭐든 노력을 들여 직접 만들거나 길러서 먹기보다는 돈을 들여 쉽게 먹으려는 경향이 큽니다.

앞으로 일의 가치가 얼마나 떨어질지는 모르겠지만 돈으로 모든 것을 살 수 있다는 생각이 바뀌지 않는다면 일은 능력 없는 자들이 어쩔 수 없이 하는 하찮은 행위로 여겨질 것입니다.

일의 가치와 고유성은 인공지능 로봇이 상용화되고 효율성이 더 높아지면 한층 더 떨어질 것입니다. 하지만 인공지능 로봇의 표준화된 효율성으로 접근하기 어려운 일도 있습니다. 바로 인간이 지닌 심리적 고통이나 갈등을 다루는 일처럼 인간의 고유성을 다루는 일은 사람만이 할 수 있다는 점이 더 두드러질 것입니다. 이런 일들을 계발하고 활성화한다면 일의 가치는 떨어지지 않을 것입니다.

그런데 기성세대가 그것을 외면하고 인공지능 로봇과 인간이 조화롭게 일할 수 있는 시스템을 만들지 않고 인간의 일을 천시하는 분위기가 지속된다면, 인간의 일만이 아니라 그 일의 주체인 인간의 가치도 무너질 것입니다. 그때 후회하면 늦습니다. 지금이라도 일의 고유한 가치를 찾을 수 있어야 합니다. 일을 통해 삶의 보람을 느끼고, 사람들의 관계를 증진시키며, 삶의 행복을 발견하는 것과 같은 가치들 말입니다. 또한 일을 통해 자신의 고유성을 발견하고 자신이 사회에 필요한 사람이라는 것을 깨달을 수 있어야 합니다.

내면과 외면이 일치하는 일

사람은 자신의 내면과 외면이 일치해야 자존감이 올라갑니다.
내면과 외면이 분리되어 자신이 하고 싶은 일이 아닌
돈을 위한 일을 하면 정말 하고 싶은 일과 실제 하는 일과의 불일치로
자존감이 떨어집니다.

"그러니까 직업이 뮤지션이라는 건가요?"

"예."

"예술가라… B+. 연봉은요?"

"그런 거 없는데요."

"소득이 전혀 없다는 말씀이신가요?"

"너 연주하고 작곡하고 그러면 돈 받잖아. 그거 저작권료."

"그거 해봐야 일 년에 오백도 안 돼."

"아, 잠시만, 잠시만요. 아, 그러니까 월수입이 아니라 연봉이
오백이란 말씀이신가요?"

"그거보단 조금 더 돼요. 한 천만 원 정도."

"아, 천만 원. (물 한 모금 마시며) 잠시만요, 회원님. (계산기를 두드리며) 아, 그러니까 연봉이 꼴랑 천만 원에… 나이가 35세. C+, 집이 월세세요? 아… 등급을 매길 수가 없네, 진짜. 저, 죄송합니다, 회원님. 아시다시피 저희 '좋은 만남' 소개업소는 가입규정이 워낙 좀 까다롭습니다."

"아니, 가입비 내고 내가 가입하는데도 안 된다는 거예요?"

"아, 예. 뭐, 사랑을 돈으로 살 수는 없는 거잖아요. 회원님, 다음 기회를 이용하시는 게…."

"됐어요. 저 그만할래요. 필요 없어요."

– 영화 〈설마 그럴리가 없어〉 중에서

사람은 자신의 내면과 외면이 일치해야 자존감이 올라갑니다. 내면과 외면이 분리되어 자신이 하고 싶은 일이 아닌 돈을 위한 일을 하면 정말 하고 싶은 일과 실제 하는 일과의 불일치로 자존감이 떨어집니다. 그러면 그것을 감추기 위해 일의 외면만 더 좋게 보이려고 노력하게 됩니다.

〈설마 그럴리가 없어〉라는 영화에서 보면 주인공은 돈이 얼마 되지는 않지만 자신만의 음악을 하면서 큰 불만이나 불편함 없이 지냅니다. 그러던 어느 날, 자신의 수입만 보고 가입시켜주지 않는 결혼정보회사에 화를 내고 나오지만 그런 곳에 가입조차 할 수 없는 자신의 모습을 보고 돈이 되는 음악을 해야 하는 건 아닌지 고민합니다.

이런 경우 자신이 좋아하는 음악을 하는 것을 내면의 욕구로 본다면 남이 좋아하고 돈이 되는 음악을 하는 것을 외면의 욕구로 볼 수 있습니다. 주인공의 경우 결혼정보회사에 가기 전까지는 내면과 외면의 욕구가 크게 부딪히지 않았습니다. 좋아하는 음악을 하면서 생활하는 데 큰 문제가 없을 정도로 돈을 벌었기 때문입니다. 그런데 결혼정보회사에 다녀오고 나서부터 일을 하는 기준이 달라졌습니다. 내면은 그대로인데 외면이 달라져야 할 필요를 느꼈기 때문에 돈을 버는 음악을 하는 것에 대한 고민을 하기 시작합니다.

대개 이런 상황이 되면 자신이 하고 싶은 대로만 했다가는 돈을 많이 벌기 힘들다는 것을 깨닫고 돈을 벌기 위한 일만 하게 됩니다. 그러면서 자신이 하고 싶은 일에 대한 욕구는 감추고 지금 하는 일을 자신이 좋아하는 일이라고 꾸미게 됩니다. 그 순간 자존감은 떨어집니다. 그래서 외면을 돋보이게 하기 위해 그에 해당하는 연봉이나 사회적 지위만을 높이려고 노력합니다.

또 한 예로, 사람의 내면과 외면이 일치하지 않으면 맛있는 음식을 만들어 사람들에게 기쁨을 주고 싶다는 내면보다 음식을 많이 팔아서 돈을 많이 벌고 싶다는 외면이 커지면서 수익만 우선시하여 값싼 재료에 감미료로 맛만 내려고 할 것입니다. 하지만 내면과 외면이 일치하면 수익은 적더라도 음식 만드는 일을 소중히 여겨서 자신만의 맛을 내기 위해 좋은 재료를 써서 정성껏 만들려고 할 것입니다.

영화 〈행복의 향기〉에서 왕 아저씨는 음식솜씨가 좋아 프랜차이즈 투자회사에서 분점을 내자는 제안을 받지만 거절합니다. 이유를 물으니 자신은 손님 앞에서 음식을 만들고 싶어서랍니다. 분점을 내면 돈을 벌어서 좋기는 하지만 자기가 만든 음식을 손님들이 어떻게 먹는지 볼 수도 없고 관계도 생기지 않아서 싫다고 합니다. 돈보다 자신이 하는 일에 대한 만족감을 얻고 싶은 것입니다. 자신이 하고 싶은 일을 통해 즐거움도 얻고 사람도 얻는 경우라고 할 수 있습니다.

그런데 이것이 사회에서 한쪽으로만 치중되어 오래 지속되는 경우 문제가 됩니다. 자신은 외면보다는 내면을 위한 일을 하고 있는데 누군가는 돈을 위한 일만 하면 자신은 손해를 보고 수익을 내지 못해 무너집니다. 손해를 본 개인이 무너지면 자본이 한쪽으로 쏠리며 순환하지 않아 생태계 전체가 무너지면서 다 무너질 수밖에 없는데 그걸 지금은 무시하는 겁니다. 그래서 당장의 필요에 급급해 점점 더 내면과 외면을 분리하고 돈이 되는 일만 하려고 하는 사람들이 늘고 있습니다. 그래서 일을 하면 할수록 관계는 멀어지고 일에서 소외된 사람들이 자신의 쓸모없음을 가치없음으로 느껴 자존감까지 떨어지는 경우가 늘고 있습니다.

그러면 왜 중요한 자존감과 관계를 저버리면서까지 그토록 외면을 채우기 위해 애쓰는 걸까요? 자본주의 사회에서는 내가 좋아하는 것을 하기 위해서 소비를 합니다. 소비를 하기 위해서는 돈이 있어야 하고 그래야 내가 좋아하는 것을 할 수 있다고 생각합니다. 그래서 돈이 많아야 좋아하는 것도 많이 할 수 있다고 생각합니다. 그러니 돈을 많이 벌어야 한다고 생각합니다.

반대로 내가 돈이 없으면 좋아하는 것을 할 수 없다고 생각합니다. 심지어 결혼도 그렇다고 생각합니다. 돈이 있어야 사랑도 할 수 있고 결혼도 할 수 있는 세상입니다. 심지어 결혼을 못하는 이유가 자신이 공부를 덜 했거나 일을 덜 해서 돈을 많이 벌지 못한 것에 있다고 생각합니다.

좋아하는 것을 소비로만 해결할 수 있는 것은 아닙니다. 과거에는 일을 해서 스스로 해결했습니다. 그 과정이 복잡하고 품이 많이 들어서 그렇지 자신의 욕구에 맞게 해결했습니다.

지금은 그 품을 들이는 것을 불편하게 느낄 뿐 아니라 품만으로는 해결하기 어려운 사회입니다. 필요한 것을 가까이에서 제공해주던 자연이 사라졌고 내가 하고 싶은 일을 할 수 있는 시간도 부족해졌기 때문입니다. 그렇다고 일을 한다고 돈을 많이 벌 수 있는 사회도 아닙니다.

예를 들어 예전에는 차 마시는 것을 좋아하면 차를 심고 가꾸고, 따고 볶아서 차를 만들어 직접 우려서 마셨습니다. 어마어마한 품과 시간이 들지만 자신이 좋아하는 차를 원하는 대로 마실 수가 있었습니다. 하지만 지금은 대부분 차를 구매해서 마시는 방법을 택합니다.

자연스럽게 사람들은 자신이 좋아하는 것을 하기 위해서는 돈을 벌어야 한다는 생각을 하게 되었습니다. 그러니 자신이 좋아하는 것을 하기 위해 어떤 일을 하면 좋을지에 대한 고민은 사라지고, 그것을 하기 위해 어떻게 돈을 벌 수 있을지에 대한 생각으로 머리가 가득 찹니다. 자신이 좋아하는 것을 하기 위해 일보다 돈이 더 쓸모가 있다고 생각합니다. '좋아하는 것'보다 돈이 더 중요하다고 생각합니다. 그래서 돈으로 할 수 있는 것만 가치 있다는 생각까지 합니다. 심지어 좋아하는 일이더라도 돈이 들지 않는 것이면 가치가 없다고 생각하는 사람도 있습니다. 내면과 외면이 완전히 분리됩니다.

"얇아지고, 부드러워지지 않았어?"

"여기 확실히 '남자면'으로 유명했던 가게잖아."

"전에 들은 적이 있어요. 손님이 늘면 빨리 삶기 위해 면을 얇게 만들게 된다고."

"삶는 시간이 짧아지면 손님의 회전도 빨라지니까요."

– 영화 〈우동〉 중에서

영화 〈우동〉에서 우동가게 주인은 처음엔 자신만의 우동을 만드는 것에 자긍심이 있었고, 그것을 먹으러 오는 손님 하나하나가 소중했습니다. 하지만 점점 입소문이 나고 수익이 많아지면서 자신만의 우동을 포기하고 손님을 많이 받을 수 있게 면을 얇게 바꿉니다. 자신의 일보다 돈의 가치를 더 우선시하는 이러한 주인의 태도는 실제로도 소문난 맛집을 떠올려볼 때 낯설지 않습니다.

일을 왜 할까요? 일의 가치는 무엇일까요? 우리는 이런 질문보다는 일을 통해 할 수 있는 것이 무엇인지에 더 관심이 많습니다. 그러니 어떤 일을 하는지는 중요하지 않고 돈을 많이 버는 일을 하는 것이 중요하다고 여깁니다.

많은 사람들이 돈을 많이 벌지 못하는 일은 하지 않으려 합니다. 돈을 많이 벌지 못하는 일을 한다는 것은 남이 하기 싫어하는 일을 한다는 것과 같습니다. 남들이 하기 싫어하는 일을 하지 않으려면 남들이 만들어놓은 평가를 통과하면 됩니다. 그래서 죽어라 공부합니다. 평가를 통과한 사람은 통과했으니 수입이 적은 일을 안 해도 되고, 평가를 통과하지 못한 사람은 당연히 그 일을 하는 것이라고 생각합니다. 누군가 만들어놓은 평가를 기준으로 일에 가치를 매깁니다. 일에 대한 사회적인 관점과 통념이 이러하다 보니 일의 내면보다 외면이 더 중요하다고 생각하는 사람들이 많아집니다.

제가 어릴 때는 자신이 좋아하는 것을 스스로 찾아 하면서 관계도 맺고 진로도 발견할 기회가 많았는데 지금은 그런 기회가 거의 사라진 것 같아 안타깝습니다. 누구나 똑같은 과정을 배우고 있어서 자신이 어떤 것을 좋아하는지 발견할 기회가 매우 제한되어 있습니다. 그런 사회에 살고 있는 사람들에게 사회는 '창의적으로 문제를 해결하라'고 하고 '다른 사람과 다르게 살라'고 합니다.

자신이 좋아하는 것을 돈을 벌어야만 할 수 있는 게 아니라 스스로 일을 통해서 할 수 있는 기회가 많아졌으면 좋겠습니다. 돈보다 일의 가치가 우선인 사회, 내면과 외면이 일치하게 일을 할 수 있는 사회가 되면 좋겠습니다.

삶과 일의 일치

삶에서 일과 놀이를 분리하면 사람은 삶이나 일의 주체가 아닌
객체가 될 수밖에 없습니다. 삶과 일을 분리해서 삶은 제쳐두고
일에만 몰두하게 됩니다. 그래야 삶이 행복할 수 있는 것처럼 말입니다.
하지만 아무리 일을 열심히 해도 삶의 주체로 서기 어렵습니다.

일과 생활의 균형은 우리의 일을 강제노역과 같은 끔찍한 것
으로 만든다. 우리를 어떤 때는 부지런하기만 하고, 어떤 때는
게으르기만 한 우스꽝스러운 반쪽짜리 존재로 만들어버린다.
일의 시간도 여가의 시간도 모두가 삶의 시간이다. 이 둘을 갈
라놓으면 일의 시간은 속박의 시간이, 여가의 시간은 불모의
시간이 되어 간다.

— 《기본소득, 자유와 정의가 만나다》, 43~44쪽

삶과 일이 분리되고 삶과 놀이가 분리되는 순간 일은 그 자

체로 의미를 찾지 못하는 지겨운 것이 되고 놀기 위해 해야 하는 것이 됩니다. 그렇게 되면 삶의 모든 시간을 소중하게 여기기보다 어느 한 부분은 불필요하고 괴로운 시간으로 인식하게 됩니다. 즉 일하는 시간은 불필요한 시간이라 생각합니다. 최대한 적게 일하고 최대한 많이 벌어야 잘 일한 것이 됩니다.

삶에서 노는 것 같은 즐거운 기분을 느끼지 못하기 때문에 놀기 위해 일을 해야 합니다. 놀기 위해 일하기 때문에 무슨 일을 하는가는 중요하지 않습니다. 노는 데 필요한 돈을 많이 버는 일이면 됩니다. 그에 더해 일하는 시간이 적으면 더 좋은 것입니다.

사실 워라밸이라는 개념도 자칫하면 삶과 일을 분리해버릴 수 있는 생각입니다. 일에서 놀이나 쉼과 같은 즐거움과 만족감을 느낄 수 있다는 것을 배제하는 생각입니다. 그러니 되도록 적게 일하고 많이 벌고만 싶어 합니다. 삶에 균형이 잡히는 것이 아니라 균열이 생기는 것입니다.

균열을 막으려면 자기가 하고 싶은 일을 해야 합니다. 하고 싶은 일에 집중하면 성취감이 느껴지고 내가 하는 일에 대한 자부심도 생깁니다. 그럼 몸은 피곤할지 몰라도 정신적으로는 기쁨을 느낄 수 있습니다. 그러면 일에서도 놀이나 쉼과 같은 즐거움을 느낄 수 있습니다.

의정부의 몽실학교에서 2015년 여름방학에 '쉼표학교'라는 프로그램을 진행한 적이 있습니다. 3일 동안 몽실학교에 모여서 쉼이라는 주제로 할 수 있는 것들을 정해서 그룹을 지어 실제로 해보는 프로그램이었습니다. 대부분의 아이들이 아무것도 안 하거나 놀기만 할 것이라고 예상했지만 실제로 아이들은 음식만들기, 화단꾸미기, 커피만들기, 자전거타기 등 생산적인 일을 하면서 쉬는 것을 선택했습니다. 오히려 아무것도 안 하고 쉬는 것보다 더 편안하고 쉬는 기분이 들었다는 말을 많이 했습니다. 일하는 것과 쉬는 것을 삶 속에서 분리하지 않는 모습을 볼 수 있었습니다.

죽어라 공부하고 일하는 사람은 놀고 싶어 합니다. 하지만 일이 없어 노는 사람은 일하고 싶어 합니다. 일과 놀이가 분리되어 있습니다. 일하면서 놀아본 사람이 놀면서 일할 수 있습니다.

일과 놀이는 반대 개념이 아닙니다. 자기가 좋아하는 일을 한다면 일을 놀이처럼 즐기며 할 수도 있고 반대로 놀다가 그것을 일로 할 수도 있습니다. 하지만 점점 분리해서 사고하기 때문에 그러한 기회조차 갖지 못하기 쉽습니다.

일과 놀이가 조화를 이루지 못하면 둘 다 제대로 하기가 어렵습니다. 실제로 일을 너무 많이 해서 힘들면 일을 안 할 때 쉬려고만 합니다. 제대로 놀지를 못합니다. 반대로 너무 놀기만 한 사람들은 일할 기회가 생겨도 제대로 일을 하지 못합니다.

사실 많은 사람들이 일을 해서 돈을 벌어야 제대로 놀 수 있다고 생각하게 된 데에는 나름대로 이유가 있습니다. 실제로 테마파크나 워터파크가 생기면서 동네에서 아이들과 노는 것은 시시해졌습니다. 롯데월드나 에버랜드에 가서 놀이기구를 타야만 노는 것 같고 잘 놀았다고 느끼며, 동네에서 아이들과 노는 건 시시하다고 생각하고 또 그렇게는 잘 놀지도 못합니다. 이 때문에 놀이를 위한 일이 생깁니다. 잘 놀게 해주고 돈을 받는 것입니다. 놀이를 삶 속에서 자연스럽게 하지 못하고 놀이를 위한 일을 하는 사람이 있어야 제대로 놀 수 있다고 생각합니다. 스스로 알아서 놀지 못하고 누군가 놀 수 있게 해줘야 놀 수 있다고 생각하는 것입니다. 그래서 놀기 위해 일을 하고 돈을 벌어야 합니다. 돈이 없으면 그런 곳에서 놀 수가 없습니다. 그래서 열심히 일하지 않은 사람은 놀 자격이 없다고 생각합니다.

점점 놀이가 전문화되고 산업화되고 거대해지고 고급화되고 획일화됩니다. 덕분에 사람들은 비슷한 놀이만 경쟁하듯이 하게 됩니다. 그를 위해 '장비빨'을 세웁니다. 비슷한 놀이를 하니 남들보다 좀 더 나은 놀이를 했다는 생각이 들려면 장비를 차별화해야 합니다. 놀이를 위한 놀이를 하게 됩니다. 내가 좋아하는 것을 하며 노는 것이 아니라 남들이 노는 것을 따라 놀게 됩니다.

어린이날 대부분의 가정이 놀이공원이나 테마파크를 가는

것도 이 때문 아닐까요? 부모 자신이 스스로 놀아본 경험이 없으면 아이와 함께 자신이 놀던 대로 놀 수가 없습니다. 누군가가 만들어놓은 것을 이용해 놀게 해줄 수밖에 없습니다.

삶 속에서 일과 놀이, 쉼이 조화를 이루지 못하면 건강에도 문제가 생깁니다. 일만 해서 놀지를 못하니 피로가 쌓이고 풀지 못한 스트레스도 쌓입니다. 스스로 놀 줄을 모르니 그냥 집에서 퍼져 있는 경우가 많습니다. 몸을 쓰지 않으니 여러 가지 질병에도 약해집니다.

잘 놀면 스트레스도 사라지고 피로도 쌓이지 않고 관계도 향상되면서 건강해집니다. 건강상 충분한 예방 효과가 있습니다. 특히 어려서부터 잘 놀면 성인이 되어서도 노인이 되어서도 스스로 삶 속에서 놀면서 건강을 유지할 수 있습니다. 자신의 몸은 자신이 가장 잘 알기 때문에 거기에 맞게 놀 수가 있습니다.

경기도 시흥시는 보건소에서 영유아를 위한 실내놀이터를 만들고 운영하고 있습니다. 영유아의 건강을 가장 잘 유지할 수 있는 방법으로 놀이를 선택했습니다. 아직은 영유아 시설만 있지만 향후 청소년을 넘어 노인 세대까지 확장할 계획을 가지고 있습니다. 이를 위해 담당 공무원도 2016년부터 바뀌지 않고 업무를 담당하고 있습니다. 흔치 않은 사례입니다. 멀리 가지 않고 놀 수 있도록 사는 곳 가까이에 놀 수 있는 공간을 만들어주는 것입니다. 특별히 돈을 들이지 않아도 자연스럽게 놀 수가 있습니다. 그것이 어려서부터 노인이 될 때까지 연결된다면 생애 전체에 걸쳐서 건강을 유지할 수 있는 환경이 될 것입니다.

특히 아이들 스스로 놀이를 만들어볼 수 있는 기회도 많이 제공하고 있습니다. 마을에서 놀이를 통해 만나 관계도 맺고, 스스로 놀이를 만들어 하면서 건강도 챙기고 배우기도 합니다. 이는 추후에 마을에서 진로를 찾을 수 있는 기회가 되기도 합니다.

지금은 놀이마저도 대부분 기업이 주도하기 때문에 사람들은 소비만을 위한 준비를 할 수밖에 없습니다. 삶에서 일과 놀이를 분리하면 사람은 삶이나 일의 주체가 아닌 객체가 될 수밖에 없습니다. 삶과 일을 분리해서 삶은 제쳐두고 일에만 몰두하게 됩니다. 그래야 삶이 행복할 수 있는 것처럼 말입니다. 하지만 아무리 일을 열심히 해도 삶의 주체로 서기 어렵습니다.

삶의 주체가 되지 못하니 일에서는 행복을 찾아도 삶에서는 행복을 찾지 못합니다. 또한 삶과 분리된 놀이도 객체가 될 수밖에 없습니다. 삶 속에서 관계된 사람들과 자연스럽게 놀지 못하고 누군가 관계없는 사람들이 전문적으로 놀 수 있도록 도와줘야 합니다. 아무리 놀아도 행복하기 어렵습니다. 더 재미있고 비싼 놀이와 비교하면서 거기에 행복이 있는 것으로 착각합니다.

78   나는 잘 살고 싶어 나누기로 했다

삶을 행복하게 살기 위해 일을 하는 것입니다. 행복하기 위해 돈을 버는 것입니다. 돈을 벌어야만 행복한 것이 아닙니다. 삶 속에서 행복한 일을 할 수 있어야 합니다.

일을 한다는 것과 돈을 번다는 것

사람은 누구나 일을 하고 싶은 욕구가 있다고 합니다.
하지만 지금처럼 돈의 가치가 일의 가치보다 높은 사회에서는
일하고 싶은 욕구가 사라집니다.

"너 왜 그렇게 봉사활동을 열심히 해. 정치하려고 그래? 아니면 뭐 뒷돈 받는 거 있어?"

자원봉사교육을 나가면 교육이 끝나고 봉사자들이 요즘 이런 질문을 자주 받는다고 제게 알려줍니다. 이런 질문 때문에 봉사하는 게 너무 힘들고 자신이 하는 봉사가 의미 없는 것은 아닌지 돌아본다고 합니다.

과거에는 봉사하는 사람들을 자신이 미처 하지 못하는 일을 대신 해주는, 착하고 의미 있는 행동을 하는 사람들로 봤는데 요즘은 그렇지 않은 것 같습니다. 왜 그럴까요?

유튜브 크리에이터(방송을 만드는 사람)는 일을 하는 것인가요, 돈을 버는 것인가요? 방송을 통해 돈을 많이 버는 사람은 일을 하는 거라고 하지만 돈을 벌지 못하는 사람은 일을 한다고 하지 않습니다. 그럼 결국 돈을 버는 사람만 일을 하는 것인가요?

언제부터인가 일을 하는 것과 돈을 버는 것의 경계가 모호해졌습니다. 그래서 일을 많이 해도 돈을 별로 벌지 못하는 사람은 일을 열심히 하지 않는 것처럼 생각하고, 일은 별로 안 해도 돈을 많이 벌면 열심히 일하는 것처럼 생각합니다. 돈을 얼마를 벌었느냐가 일을 하는 기준인 것입니다.

지금은 일을 해서 먹고사는 것인가요, 돈을 벌어서 먹고사는 것인가요? 과거에는 일을 해야 돈을 벌고 그래야 먹고산다고 생각했지만 지금은 어떻게든 돈만 벌면 먹고산다고 생각하는 사람이 많습니다. 왜냐하면 지금은 일을 해서 돈을 버는 속도보다 돈이 돈을 버는 속도가 더 빨라졌기 때문입니다.

보이스피싱은 일하는 것인가요, 돈을 버는 것인가요? 마약을 파는 것은 일하는 것인가요, 돈을 버는 것인가요? 주식투자는 일하는 것인가요, 돈을 버는 것인가요? 부동산 투자는 일하는 것인가요, 돈을 버는 것인가요?

반포의 한 아파트는 2018년 봄에 입주했는데 연말에 10억이 올랐다고 합니다. 그럼 이 아파트 입주자는 일을 한 것인가요, 돈을 번 것인가요? 물론 우연히 입주한 사람이 아닌 투자를 목적으로 한 사람은 일을 했다고 생각할 것입니다. 온갖 정보를 모으고 투자가치가 있다고 생각해서 투자한 사람의 경우에는 말이죠. 하지만 이것은 일을 한 것이 아니라 부동산을 이용해 돈을 번 것입니다. 일 년 동안 성실히 회사생활을 한 사람이 부동산으로 돈을 번 사람과 자신을 비교한다면 자신의 일을 과연 가치 있게 여길 수 있을까요?

일을 해서 돈을 버는 속도보다 돈이 돈을 버는 속도가 과도하게 빠른 사회는 일을 하찮게 여기게 됩니다. 사회를 유지하기 위해 필요한 기본적인 가치관인 '일의 신성함'이 무너집니다. 그런 사회에서는 사회에 필요한 다양한 일을 하려고 하는 사람이 드물고, 일을 많이 하지 않고도 돈을 많이 벌 수 있는 특정 직종에만 사람들이 몰려 사회를 유지하기 어렵게 됩니다.

이런 현상 때문에 사람들은 일은 적게 하고 돈은 많이 벌고 싶어 합니다. 그래서 일은 적게 하고 돈을 많이 버는 사람을 능력 있고 가치 있는 사람으로 보고, 일은 많이 하는데 돈은 적게 버는 사람은 무능력하고 가치 없는 사람으로 봅니다.

후자에 해당하는 사람이 누구일까요? 자원봉사자나 마을활동가가 그중 하나일 것입니다. 누군가를 위해 열심히 일은 하는데 돈은 많이 벌지 못합니다. 아마도 노인, 장애인, 빈민처럼 일도 거의 하지 못하고 돈도 거의 못 버는 사람들을 더 무능력하고 가치 없는 사람으로 볼지도 모릅니다. 지금 사회는 일을 열심히 해도 돈을 벌지 못하면 무능력하고 가치 없는 사람으로 보는 시각이 많습니다.

모두가 돈을 많이 버는 일만 하려고 한다면 사회를 유지하는 데 필요한, 돈은 적게 벌지만 단순하고 기본적인 일을 하는 인력이 부족해질 것입니다. 실제로 우리 사회는 그러한 일에 인력이 부족해져서 중국과 동남아시아에서 많은 사람들을 산업연수생이라는 명목으로 받아들이고 있습니다.

앞으로는 이런 일들을 인공지능 로봇이 어느 정도 대체하겠지만 이러한 일들도 하지 않는 실업자들을 부양하기 위한 사회적 비용은 한없이 높아질 것입니다. 인공지능 로봇으로 인해 절감되는 비용보다 우리 사회의 전체적인 사회적 비용이 높아질 수도 있습니다.

정리하자면 우리 사회에는 다음과 같이 많은 변화가 생겼습니다.

첫째, 일을 하지 않고도 편안하게 살 수 있기를 바라는 사람이 많아지고 있습니다. 그래서 성실하게 직장을 다니는 것보다 돈을 이용해 돈을 버는 건물주를 부러워합니다. 일을 하면서 먹고사는 것은 퇴직과 함께 단절되기 때문에 건물주와 같이 자산을 가지고 일을 하지 않고도 평생 돈을 벌 수 있기를 바랍니다.

둘째, 일의 가치보다 돈의 가치를 더 높게 평가합니다. 그래서 열심히 일하는 사람보다 돈 잘 버는 사람을 높이 평가합니다. 사람보다 돈의 가치를 더 높게 둡니다.

셋째, 돈만 벌 수 있다면 어떤 일도 할 수 있다는 생각을 합니다. 그런 사람들은 큰돈을 벌 수 있다면 범죄도 마다하지 않습니다. 이는 도둑만을 의미하는 것이 아닙니다. 법을 어겨 세금을 횡령하거나 주가조작 등을 통해 돈을 버는 것을 부끄러워하지 않는 것 또한 이에 해당합니다. 최근에 벌어진 n번방 사건도 돈을 벌 수 있다면 어떤 짓도 할 수 있다는 것을 보여주는 사례일 것입니다.

사람은 누구나 일을 하고 싶은 욕구가 있다고 합니다. 하지만 지금처럼 돈의 가치가 일의 가치보다 높은 사회에서는 일하고 싶은 욕구가 사라집니다. 돈으로 돈을 벌어 쉽게 돈을 축적하려는 사람만이 그러한 것은 아닙니다. 일을 하지만 벌이가 신통치 않은 사람들도 돈을 많이 벌 수 없음에 낙담해 자신감과 성실하게 일하고 싶은 욕구를 잃어버리고 쉽게 범죄에 빠지거나 복지혜택에만 의존하려는 경우가 많습니다.

전반적으로 사회가 일을 천시하게 되면 일을 하는 사람이 줄

어들 수밖에 없습니다. 결국 사회는 무기력한 패배자들로 넘쳐
나고 말 것입니다. 돈을 많이 버는 일을 하는 사람이나 돈을 벌
지 못하는 사람이나 모두 자신들의 관점에서 일을 평가하고 일
할 이유를 잃어버리고 맙니다.

돈으로 돈을 버는 것이 아니라 정당하고 성실하게 일을 하면
서 살아갈 수 있어야 합니다. 인구가 감소하는 지금, 일을 하는
사람이 제대로 대접받지 못해서 사회를 유지하기 위해 누군가는
해야 할 일을 하는 사람마저 줄어든다면 사회는 유지되기 어려
울 것입니다. 국가는 돈보다 일의 가치가 정당하게 높이 대우받
는 사회를 만들려고 노력해야 합니다.

일은 관계의 출발

혹시 일하면서 주위 사람들에게
성과만을 강요하고 있지는 않으신가요?
언젠가는 그만둘 일인데 일만 남기시겠어요, 아니면
사람이나 믿음을 남기시겠어요?

저는 다시 태어나면 서점 직원이 되고 싶습니다. 2002년, 다니던 초등학교를 퇴직하고 서점에서 일하는 친구가 소개해준 리브로 서점에서 10개월 정도 일한 적이 있습니다.

처음엔 컴퓨터서적 코너에서 일하다가 두 달 뒤부터 문학 코너에서 일하게 되었습니다. 원래 소설을 좋아하는 저는 일 자체가 즐거움이었습니다. 신간이 나오면 출판사 직원들이 증정본을 주는데 이것도 즐거움 가운데 하나였습니다. 출퇴근길에 지하철에서 책을 읽는 맛은 정말 삶의 큰 즐거움이었습니다. 출판사 직원들과 책 이야기를 나누다가 다른 출판사 책을 소개해주면 그

책을 사기도 했습니다. 아마 출판사 직원에게 책을 판 사람은 저밖에 없을 겁니다.

큰 서점인데도 제게는 단골들이 있었습니다. 하루는 어느 노신사와 문학담당 팀장님이 말씨름을 하기에 가까이 가서 들어보니 별일 아니었습니다. 대충 중재를 하고 필요하신 걸 찾아드렸는데 그게 맘에 드셨는지 책을 하나 골라와 보라고 하셨습니다. 그래서 제가 재미있게 읽은 책을 건네드리니 그 책을 사 가셨습니다.

일주일 뒤에 그분이 또 오셨는데, 오자마자 저를 찾으시며 책 좀 골라오라고 하시기에 또 한 권 골라드리니 더 가져와보라고 하시는 겁니다. 전에 뵈었을 때 눈 건강이 좋지 않다고 하신 걸 기억하고 한 권씩만 읽으시라고 했습니다. 그 뒤로 그분은 일주일마다 오셔서는 제가 골라드리는 책을 한 권씩 사 가셨습니다. 매주 그분이 오실 때쯤이면 어떤 책을 골라드릴까를 고민하며 기다리던 생각이 납니다. 그런 단골이 여럿 있었습니다. 제가 지금의 북큐레이터 역할을 한 것입니다. 누군가가 나를 믿고 책 고르는 일을 맡기는 것은 무척이나 신나는 일입니다. 그래서 다시 태어나면 서점에서 일하고 싶은가 봅니다.

일을 하면서 관계 맺은 사람이 나를 믿어주는 것은 무척이나 중요합니다. 하지만 요즘엔 일을 하면서 그런 사람을 만나기가 쉽지 않습니다. 왜냐하면 효율성만을 따지기 때문입니다. 관계 안에서 서로 교감하면서 일을 하는 것이 아니라 무조건 성과만 따지기 때문입니다. 그 안에서 재미를 찾는다는 것은 거의 불가능에 가깝습니다.

혹시 일하면서 주위 사람들에게 성과만을 강요하고 있지는 않으신가요? 언젠가는 그만둘 일인데 일만 남기시겠어요, 아니면 사람이나 믿음을 남기시겠어요?

> 일을 통해 내 삶을 표현하면서 동시에 다른 사람들의 삶의 표현도 발견하게 되기에, 내가 이 인류의 한 부분이라는 본질, 쉽게 말해 나의 공동체적 본질을 발견하게 됩니다. 이런 점에서 일은 자연과의 관계 맺기인 동시에 다른 인간과의 관계 맺기의 근원이 되는 거죠.
>
> – 《열심히 일하지 않아도 괜찮아》, 70쪽

어릴 때 동네 구멍가게는 놀이터이자 사랑방이었습니다. 구멍가게 주인아저씨는 통장이었고 아버지의 친구였습니다. 가게는 오전엔 아주머니들의 사랑방이었고, 오후엔 우리들의 놀이터였고, 저녁엔 아저씨들의 술자리였습니다. 그곳에서의 일은 단순히 물건을 파는 것만이 아니었습니다. 동네 사람들을 연결해주는 역할에서부터, 동네 아이들의 든든한 지원군, 겨울밤 홀로 퇴근하는 누나들의 파출소 역할까지 했습니다.

그런 가게가 수도 없이 많았습니다. 분식점, 문방구, 채소가게, 정육점, 이발소, 철물점, 생선가게 등 동네에서 일한다는 것은 그 자체로 관계의 출발이었습니다. 그런 사람들이 있는 곳에서는 안심하고 다닐 수 있었습니다.

단순히 돈을 벌기 위해 일을 하는 것이 아니라 일을 통해서 서로 관계를 맺고, 그 관계 안에서 또 다른 일들이 생겨납니다. 그렇게 관계가 확장되면서 서로를 믿고 보호하며 성장해갑니다. 혼자 일을 하는 것이 아니라 함께 살아가는 것입니다. 그래야 삶이 지속되는 한 일도 지속될 것입니다.

보이지 않는 일

사람이 사람으로서 해야 하는 것들의 회복은 결국
일에서 관계성을 회복하는 것을 의미합니다.
그래야 돈이 목적이 아닌 관계를 목적으로 하는 경제가 가능해지고
그 안에서 다양한 호혜가 일어날 수 있습니다.

'나눔의 경제'는 화폐를 사용하는 것과 화폐를 사용하지 않는
것으로 분류된다. 화폐를 사용하는 나눔의 경제는 정부의 경
제, 즉 재정이다. 재정에서도 공공서비스는 무상으로 제공한
다. 즉 화폐를 사용하지 않는다. 따라서 정확하게 표현하면 재
정은 화폐를 사용하는 경제와 화폐를 사용하지 않는 경제의
혼합경제다.

화폐를 사용하지 않는 나눔의 경제란 가족이나 커뮤니티 혹은
비영리 시민조직의 경제다. 이러한 경제를 '공동경제'라 부를
수 있는데, 이것을 떠받치는 것은 무상노동이다. 이 무상노동

은 가정에서든 커뮤니티에서든 비영리 시민조직에서든 자발
성에 기초한다. 즉 자발적인 활동이다.

– 《나눔의 경제학이 온다》, 41쪽

어느 중학교에 진로교육을 갔을 때의 일입니다. 제 직업을
나눔디자이너(나눔을 혁신하는 사람이라는 뜻)라고 적었습니다. 제 이
름이 여자이름 같고 직업이 디자이너라고 하니 많은 학생들이
신청해서 왔습니다. 그런데 여자가 아니라 남자이고, 자신들이
생각하는 직업이 아니라는 것을 알게 되자 조금 당황해했습니
다. 그러면서 학생들이 한 질문은 딱 두 가지입니다.

"선생님, 얼마 버세요?"

"그럼 하루에 몇 시간 일하세요?"

학생들은 생소한 직업에 대해 오로지 두 가지만 궁금해했습
니다. 제가 무슨 일을 하는지, 누구와 함께 하는지, 그 일이 사회
에 어떤 영향을 미치는지는 궁금해하지 않았습니다. 오로지 얼
마를 벌고 얼마만큼 일하는지만 궁금해했습니다. 일의 가치가
돈에 가려서 보이지 않습니다.

돈을 벌어야 먹고사는 세상에서 일의 의미와 가치는 무시하
고 돈만을 쫓는 사람이 많아졌습니다. 그러다 보니 어떤 일을 어
떻게, 왜 했느냐보다 얼마를 벌었느냐가 더 중요해졌습니다. 그

래서 누가 얼마를 벌었다고 하면 그가 하는 일이 어떤 일인지를 궁금해하기보다는 액수에만 관심을 가집니다. 그래서 어떻게 하면 그 돈을 벌 수 있냐고만 묻습니다. 최소의 일로 최대의 돈을 벌려고 합니다.

반대로 누가 정말 열심히 일했는데 얼마 못 벌었다고 하면 그 다음 질문이 사라집니다. 그게 어떤 의미가 있는지, 어떤 효과가 있고 사회에 어떤 영향을 주는지에 대해 궁금해하지 않습니다. 그런 영향으로 아무리 좋은 자원봉사라고 해도, 아무리 좋은 비영리기업이라고 해도 벌이가 좋지 않기 때문에 자신은 그 일을 할 수 없다고 생각하는 사람들이 많습니다.

한국은 과거에 비해 GNP(국민총생산)는 높아졌지만 GNH(국민행복도)는 낮아졌습니다. 이는 행복과는 관계없이 돈이 되는 일은 많아졌지만, 돈이 안 되는 일은 오히려 적어졌다는 뜻입니다. 그래서 돈은 안 되지만 사람들 사이의 관계를 향상시키며 서로의 행복을 위해서 했던 일들이 점점 줄어들었습니다.

일을 하지 않고 쉽게 돈을 버는 사람도 있지만 대부분은 최선을 다해 일하면서 돈을 법니다. 돈은 일에 대한 대가일 뿐입니다. 누군가가 돈을 많이 번다면 액수만 보지 말고 그가 어떤 일을 하고 있고 우리 사회에서 어떤 역할을 하고 있는지를 봐야 합니다.

코어경제는 네바굿원이 만든 용어이다. 이것은 지역에서의 모든 활동, 즉 부모의 자녀 양육, 노인 부양, 동네 유지활동은 경제 시스템 외부에서 존재하면서 절대로 고갈되지 않을 마술과 같은 자원이 아니라는 의미이다. 이 경제는 다른 경제를 가능하게 해주는 것이다. 그래서 우리가 이 코어경제를 무시하거나 시장에 점령당하게 버려둔다면, 우리는 위험에 처하게 될 것이다.

– 《타임뱅크와 영국보건의료서비스 혁신》(데이비드 보일·사라버드), 29p

미국의 에드가 칸 박사는 '타임달러'라는 개념을 바탕으로 봉사자와 수혜자라는 전통적인 역할 구분에서 벗어나 모두가 타인과 사회에 기여할 수 있는 쓸모 있는 존재라는 점을 강조하는 '타임뱅크' 모델을 정립했습니다. 그래서 화폐경제에 포함되지 않는 일을 화폐경제를 지탱해주는 중요한 개념으로 부각시켰고 그것을 '코어경제'라고 했습니다. 자본주의에서 화폐경제를 주변으로 보고 그 핵심을 구성하는 것을 코어경제라고 규정합니다. 관계를 통한 기여와 같은 코어경제가 없으면 화폐경제도 존재할 수 없다고 보는 것입니다.

사람이 사람으로서 해야 하는 일들이 있습니다. 특히 가족 간에 해야 하는 일들이 있습니다. 과거에는 씨족사회였기 때문에 공동체에서 하는 일은 사람으로서 기본적으로 해야 하는 일들이었습니다. 그런데 돈의 역할이 커지면서, 그리고 핵가족화되면서 사람이 기본적으로 해야 하는 일들이 돈이 오가는 일이 되었습니다. 서로 주고받으며 아무 대가 없이 해오던 일들이 돈을 받고 하는 일이 되었습니다. 이제는 누군가 대가를 받지 않고 일을 하면 진정성을 의심하는 세상입니다.

그러면서 일에서도 생활에서도 관계성은 사라지고 효율성만 남게 되었습니다. 주고받는 것이 선의에 의한 선물이 아닌 거래가 되었습니다. 특정한 누가 아니어도 가능한 거래가 되면서 사람의 고유성은 사라지고 효율성만 남습니다.

사람이 사람으로서 해야 하는 것들의 회복은 결국 일에서 관계성을 회복하는 것을 의미합니다. 그래야 돈이 목적이 아닌 관계를 목적으로 하는 경제가 가능해지고 그 안에서 다양한 호혜가 일어날 수 있습니다. 일방적인 경제는 순환을 어렵게 만들고 소수의 사람에게 부가 집중되는 부작용을 낳습니다.

저성장시대에, 노령화는 심해지고 그로 인한 의료비 등의 사회적 비용이 증가하는 시대에 생각해봐야 할 문제입니다. 자신의 문제를 절대 개인이 혼자 해결할 수 없는 사회가 다가오고 있습니다. 관계를 통한 코어경제의 지원이 없이는 화폐경제도 버틸 수 없는 시대가 오고 있습니다. 더 이상 화폐경제를 확장할 수 없는 시대라면 코어경제를 확장시키는 것도 대안이 될 수 있습니다. 눈에 보이는 일을 확장하기 어렵다면 눈에 보이지 않는 일을 확장하는 것이 대안이 될 수 있습니다.

눈에 보이지 않는 일이란 다음과 같은 것들입니다. 먼저 가족들 사이에 서로를 돌보거나 이웃들 사이에 서로 관계를 맺거나 확장하는 일을 들 수 있습니다. 예를 들어 어느 집에 아이가 태어나면 가족뿐만 아니라 이웃도 함께 돌보는 일, 누가 다치거나 어려운 문제가 생기면 같이 해결하는 일, 외로운 사람이 있으면 외롭지 않게 친구가 되어주는 일, 누가 공연을 하거나 전시를 하면 찾아가서 응원해주는 일 등이 있겠지요. 과거 품앗이나 계나 두레도 이에 해당될 것입니다.

내가 쉴 수 있는 것은 누군가가 나 대신 일을 하고 있기 때문입니다. 내가 삼시세끼를 먹을 수 있는 것도 누군가가 나 대신 내 먹을거리를 키워주기 때문입니다. 내가 가진 돈은 그들의 일이 없으면 종이에 불과합니다. 내가 돈이 많다고 해서 누구보다 일을 많이 했다는 의미는 아닙니다. 그렇다고 내 일이 다른 사람의 일보다 가치가 높다는 의미도 아닙니다. 내 일이 존중받을 가치가 있는 만큼 다른 누군가의 일도 존중받을 가치가 충분히 있습니다.

과거에는 관계를 통해 누가 누구를 위해 일을 하는지를 알았기 때문에 자연스럽게 존중할 수 있었고, 대부분 농사와 같이 비숫한 일을 했기 때문에 남의 일을 함부로 여기지 않았습니다. 하지만 지금은 누구를 위해 일하는지를 모르기 때문에 일의 대가가 중요해졌습니다. 자연스럽게 일의 대가를 많이 받는 일이 존중받기 시작했습니다. 화폐로 주어지는 일의 대가로 일의 가치를 평가합니다.

눈에 보이지 않는 일은 소비생활에서도 찾아볼 수 있습니다. 소비를 할 때도 누구의 일로 만들어졌는지 모르기 때문에 물건의 값만 보입니다. 그러니 사람들은 더 싸면서 질 좋은 물건만 가치 있는 것으로 생각합니다.

제가 어릴 때만 해도 학교에서 점심 먹기 전에 농부님의 일에 감사하는 노래를 부르거나 감사의 마음을 표현했습니다. 누가 생각해낸 것인지는 모르지만 나와 관계있다고 생각하고 했던 일입니다. 하지만 지금은 소비만 있을 뿐 생산자의 일에 대한 감사를 찾아보기 힘듭니다.

과거엔 관계된 이웃이 키우거나 만든 것들을 먹었다면 지금은 공장에서 대량으로 생산된 것을 먹습니다. 나와 관계가 없기 때문에 무감각하게 나와 상관없는 일이라고 생각합니다. 값싸게 사서 입고 버리는 옷을 염색하는 일을 제3세계 아동 노동자들이 한다는 사실에 대해서도 그러합니다.

누군가가 나 대신 값싼 임금을 받으며 일을 하고 있다는 것을 잊으면 안 됩니다. 무조건 싼 물건을 사기보다는 정당한 가격을 주고 사야 합니다. 그래야 정당한 임금을 받을 수 있는 기회가 많아집니다. 나눔은 거기서부터 출발합니다. 또 물건을 산다는 것은 물건만이 아니라 물건을 만든 사람의 일에 대한 대가도 함께 지불하는 것이므로 물건을 만들어 파는 사람은 물건값으로 받은 금액을 물건을 만든 노동자와 공정하게 나누는 것이 맞습니다.

또한 현재 눈앞에 보이지 않더라도 어떤 일이든 그 일의 역사성을 무시할 수 없습니다. 물건을 만드는 것이든 지식을 활용하는 것이든 과거의 일이 있었기 때문에 지금의 일이 가능합니다. 그렇기 때문에 과거 수많은 사람들의 일을 보이지 않는다고 무시하면 안 됩니다. 이를 돈으로 지불한 것 같지만 현재의 값만 지불한 것이지 그 속에 숨어 있는 일의 가치까지 지불한 것은 아닙니다. 누군가가 부가가치가 높은 일을 했다고 해서 높은 수익을 혼자 가져가면 안 됩니다. 선배들과 이웃들이 한 일이 섞여 있는 것이기 때문에 나눠야 합니다.

숫자로 환원이 가능한 일들도 중요하지만 수많은 사람들에 의해 이어져온 일, 화폐경제를 가능하게 해주는 핵심적인 일, 자기 자신만을 위한 일이 아닌 남을 위해 헌신하는 일들은 숫자로 환원할 수 없거나 환원하지 않지만 매우 중요합니다. 눈에 보이는 일만 중요한 게 아니라 눈에 보이지 않는 일들도 중요합니다.

2장

관계의 시대, 돈의 의미를 다시 생각하다

돈의 개념이 바뀌고 있습니다.
돈은 교환의 수단에서 그 자체가 목적이 되고 있습니다.
돈을 벌기 위해 돈만 있으면 됩니다.
돈이 돈을 버는 사회에서 돈은 돈 뒤에 숨어서 보이지 않습니다.
보이지 않는 돈을 위해 일을 하고 있습니다. 그리고
그렇게 만들어진 거대한 자본이 세계를 움직입니다.
보이지 않는 돈은 미래의 일도, 미래의 자원도 소유합니다.

돈의 가치 변화

돈이 거래나 소비의 도구일 때는 돈을 모으기 위해 일하지 않았습니다.
공동체나 가족에게 필요한 물건을 사기 위해 일을 하고 돈을 벌었습니다.
하지만 지금은 돈의 기능이 무한대가 되어
돈 자체를 벌기 위해 일하는 시대입니다.

화폐는 사유재로서 가치 저장의 기능을 지니기도 한다. 그리
고 모두의 삶에 영향을 미치는 '범용 기술'로서 교통수단이나
전기, 인터넷과 같은 공공재처럼 사용되기도 한다. 매개 작용
을 하기도 하는데, 상품과 서비스를 가격이라는 공통 척도로
표시하여 매매와 교환 과정에서 등가 관계를 알려주는 가치척
도의 기능을 하기도 한다. 마지막으로 화폐는 심리적인 작용
을 한다. 자본주의 사회에서 '부'라는 것은 우리가 느끼는 자
부심이나 높은 사회적 지위와 밀접한 관련이 있기 때문이다.

─《화폐를 점령하라》, 33〜34쪽

농경사회는 공동체 중심의 사회였습니다. 농경사회에서는 농산물이 남았습니다. 그것도 가을에 집중해서 남았습니다. 한꺼번에 수확을 해야 하는데 보관시설은 부족했기 때문에 한꺼번에 소비를 해야 했습니다. 공동체에서 한꺼번에 소비를 하는 방법 중 하나가 축제였습니다. 남으면 어차피 버릴 거 공동체 안의 어려운 사람들과 나눠 먹는 방법을 택했습니다. 남은 걸 버리거나 돈을 받고 파는 것이 아니라 나눠 먹는 문화가 자연스럽게 정착했습니다.

　아버지 생신에 돼지고기라도 해드리고 싶은데 돼지고기를 살 돈은 없고 키우는 돼지를 일부만 잘라서 해드릴 수는 없으니 돼지를 잡아서 마을 잔치를 열 수밖에 없었습니다. 그게 문화가 되면서 손해 본다는 생각도 없었습니다. 부침개를 먹고 싶은데 밀가루를 파는 곳도 없고 살 돈도 없으니 수확해 놓은 밀을 껍질 벗기고 빻아서 가루를 내어 만들어 먹었는데, 한 장 먹으려고 그렇게 하지는 않았습니다. 자연스럽게 이웃들과 나눠 먹을 만큼의 양을 만들어서 나눠 먹었습니다. 이처럼 공동체 중심의 농경사회에서는 실제 만들어 나눠 먹는 것이 자연스러웠습니다. 돈도 나누기 위해, 교환하기 위해 필요한 것이었습니다.

　그렇기 때문에 필요 이상으로 돈을 많이 가지려고 하지 않았습니다. 먹고살 정도만 있으면 괜찮았습니다. 돈을 더 많이 가지고 있다고 해서 물건을 더 많이 살 수 있는 것도 아니었습니다.

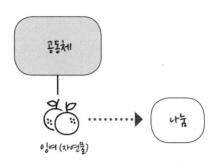

■ 공동체 중심의 농경사회

농경사회를 지나 가족 중심의 산업사회로 넘어오면서부터는 농산물뿐만 아니라 공산품이 남기 시작했습니다. 단일품목을 대량생산하기 시작했기 때문입니다. 1980~90년대에 우리나라 기업들이 직원들에게 보너스로 물건을 준 것도 그 때문입니다. 사촌누님이 구로공단의 한 공장에 다녔는데 보너스로 전기밥솥, 커피포트 등을 받아오는 걸 봤습니다. 심지어 교직생활을 할 때 본 한 학부모는 공사대금으로 대기업 거래처의 제품을 받아 부도를 맞는 경우도 있었습니다.

공산품이 남기 시작하면서부터 돈을 주고 공산품을 사고 파는 문화가 활발해졌습니다. 공산품은 얼마든지 보관이 가능하기 때문에 농산물과 달리 돈을 주고받는 방식으로 활발히 거래가 되었습니다. 그런데 이때도 냉장고를 100대씩 사려고 일을 하지는 않았습니다. 100대를 보관할 곳도 없지만, 100대를 산다고 큰 이익을 보는 것도 아니니까요. 당장 가족에게 필요한 물건을 사기 위해 일을 하고 돈을 벌었습니다.

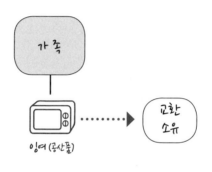

■ 가족 중심의 산업사회

그러다 개인 중심의 금융산업사회로 넘어오면서 지금은 돈이 돈을 버는 시대가 되었습니다. 물건을 사기 위해 돈이 필요한 것이 아니라 돈을 사기 위해 돈이 필요한 시대입니다. 농산물이나 공산품만 남는 것이 아니라 돈이 남는 시대입니다. 돈은 보관도 쉽고 이자가 붙어 가치도 증가합니다. 그래서 사람들은 돈을 모으기 시작했습니다. 공동체보다는 개인이 중요하기 때문에 남는다고 나누거나 팔지 않았습니다. 개인에게는 최소한의 안전장치가 돈이었으니까요. 또한 가만히 놔두어도 가치가 증가하니까요.

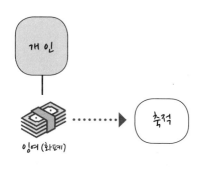

개 인

잉여 (화폐)

축적

■ 개인 중심의 금융산업사회

돈 자체가 목적이 되는 시기가 이때부터입니다. 심지어 컴퓨터로 거래를 하면서부터는 눈에 보이지도 않고 얼마를 버는지, 얼마를 쓰는지도 알지 못합니다. 그저 많이 벌면 좋은 것으로 생각하고 벌 수 있을 만큼 벌려고 합니다. 그러니 깨어 있는 시간에는 거의 일을 합니다. 과거에 비해 돈은 많이 버는데 행복도는 떨어지는 이유이기도 합니다. 행복을 위해 돈을 버는 게 아니라 돈을 위해 돈을 버는 것입니다.

돈이 거래나 소비의 도구일 때는 돈을 모으기 위해 일하지 않았습니다. 공동체나 가족에게 필요한 물건을 사기 위해 일을 하고 돈을 벌었습니다. 하지만 지금은 돈의 기능이 무한대가 되어 돈 자체를 벌기 위해 일하는 시대입니다. 어디에 쓸지도 모르는 채로 말입니다. 돈을 벌기 위해, 현재가 아닌 미래를 위해 일하는 것입니다.

돈을 벌기 위한 일

"뭐 하는 거야? 방금 그게 무슨 짓이야?"

"저 사람이 도로로 뛰쳐나왔어."

"죽일 셈이었어? 앨리스, 제어할 수 없게 되면 그만둔다고 약속했지?
그게 지금이야. 당신은 지금 사람을 죽일 뻔했어."

– 영화 〈매직티팟〉

"아야, 아야…"

주전자에서 돈이 나옵니다.

"그만둬."

"처음으로 내가 돈을 벌다니 너무 좋다."

"이건 버는 게 아냐, 일이 아니라고."

"상관없어. 대부분의 사람들은 평생 자신을 희생하지만 아무
보상도 받지 못해. 이건 신이 준 선물이야, 존!"

"이건 뭔가 불길해. 분명 안 좋은 결과를 가져올 거야."

"이게 있으면 우리 지금 처지에서 벗어날 수 있잖아. 여기를

벗어나서 우리 집을 갖는 거야. 딱 백만 달러만 벌면 다신 사용할 일도 없을걸? 이 주전자가 우리를 위해 찾아온 거야."

– 영화 〈매직티팟〉 중에서

〈매직티팟〉은 누군가 고통을 받으면 돈이 나오는 주전자를 두고 벌어지는 일을 그린 영화입니다. 매직티팟을 우연히 얻게 된 부부는 처음엔 자신들을 고통스럽게 해서 돈이 나오게 합니다. 하지만 남편은 일을 하지 않고 많은 돈을 버는 게 불편합니다. 나중에 불행한 일이 닥칠 것 같아 불안합니다. 반대로 부인은 돈을 버는 게 좋아서 백만 달러만 벌면 그만두자고 남편을 설득합니다.

"어디 엄청 아픈 사람 없을까?"

"이제 그만 집에 가자."

"안 돼, 아직이야. 우리 아직 할 수 있어. 왠지 모를 힘이 느껴져. 만진 뒤부터 계속. 모든 것이 마치 점점 커져가는 거 같아. 이 감각을 잃고 싶지 않아. 저기 상처 입힐 만한 게 있네."

"앨리스, 앨리스!"

"빌어먹을 세상 살아서 뭐 하겠어."

"앨리스, 앨리스!"

지나가는 노숙인을 차로 치려는 것을 남편이 막는다.

"뭐 하는 거야? 방금 그게 무슨 짓이야?"

"저 사람이 도로로 뛰쳐나왔어."

"죽일 셈이었어? 앨리스, 제어할 수 없게 되면 그만둔다고 약속했지? 그게 지금이야. 당신은 지금 사람을 죽일 뻔했어."

– 영화 〈매직티팟〉 중에서

자신이 고통을 느낄 때에만 주전자에서 돈이 나오는 줄 알았는데 자신이 아닌 다른 사람이 고통을 느껴도 주전자에서 돈이 나온다는 것을 알게 된 부부는 사람들이 고통 받는 곳을 찾아다닙니다. 격투기 경기장, 타투가게, 산부인과 등을 다니면서 타인의 고통을 통해 돈을 법니다. 그러다 부인은 좀 더 큰돈을 벌고 싶은 욕심에 지나가는 노숙인을 차로 치려고 합니다. 다행히 남편이 막아서 사고는 나지 않았지만 말이죠. 남편은 부인이 돈에 대한 욕심에 이성을 잃고 있다는 것을 알아채고 그만두자고 합니다. 하지만 부인은 오히려 왜 그리 의지가 약하냐며 그런 남편에게 핀잔을 줍니다.

그러다 육체적인 고통만이 아니라 정신적인 고통에 의해서도 주전자가 돈을 만들어낸다는 것을 알게 된 뒤로는 주위 사람들에게 상처를 주기 시작합니다. 심지어 자신과 배우자에게도 말입니다. 영화는 그렇게 주인공이 많은 사람들에게 상처를 주다가 정신을 차리고 주전자를 깊은 바다에 버리는 것으로 끝납니다.

일을 통해서 자신에게 필요한 돈을 벌던 시대에는 자신이 직접 노력해서 일을 했습니다. 그러다 돈이 돈을 버는 시대가 되면서 더 많은 돈을 벌기 위해 자신만이 아닌 타인의 일을 착취해가면서 돈을 모으기 시작했습니다. 최근에 와서는 몸을 움직이는 일만이 아니라 정신적인 일이 많아지면서 타인에게 상처를 줘가면서까지 돈을 벌려고 합니다. 보이스피싱이나 사기가 이에 해당될 것입니다. 사이비 종교나 다단계판매 사업도 다른 사람에게 씻을 수 없는 상처를 줘가면서 돈만을 갈취하고 있습니다. 일을 하지 않고 남을 이용해서 쉽게 돈을 벌려는 생각 때문에 벌어지는 일들입니다.

"선배님, 아무리 실적도 좋지만 자살시도 경력이 있는 사람들은 당연히 안 되죠. 아실 만한 분이 정말 실망입니다. 그리고 이거 다 견적 나오잖아요. 저 사람들 저거 완전 작정하고 자살하려고 가입하는 거구만, 이거."

"시늉만 하자고, 어차피 다른 데서는 가입도 안 되고 나만 믿어. 어?"

"믿긴 뭘 믿어요. 믿음을 줘야 믿지."

"에이, 계속 줬잖아. 또 줄게, 어?"

"아, 난 몰라."

– 영화 〈수상한 고객들〉 중에서

    영화 〈수상한 고객들〉은 돈밖에 모르던 한 보험회사 직원이 자살시도 경력이 있는 사람들의 생명보험을 들어주었다가 이들을 찾아다니며 겪게 되는 일을 그린 영화입니다.

    실제로 현실에서도 돈 때문에 목숨을 버리는 사람들이 늘고 있고 그것을 이용하는 사람들도 늘고 있습니다. 아무리 돈의 가치가 올라갔다고 하지만 사람의 가치를 넘어설 수는 없는데 실제 삶에서는 그렇게 생각하고 행동하는 사람들이 늘고 있습니다. 삶 속의 관계는 사라지고 자신의 문제를 해결할 방법은 돈밖에 없다고 흔히들 생각하니 그렇게 되는 것입니다.

    앞에서도 이야기했지만 지금은 관계를 통해 자신의 문제를 해결하는 시대가 아니라 돈을 통해 자신의 문제를 해결하는 시대가 되었기 때문에 사람들은 돈을 벌려고만 합니다. 그것이 자신과 타인에게 해가 되더라도 말입니다. 돈이 최고의 목적인 시대가 되었습니다.

얼마나 벌어야 행복한가

우리는 있지도 않을 일을 준비하기 위해, 필요하지도 않은 돈을 벌기 위해
훨씬 더 많은 일을 하고 있는 셈입니다.
그리고 내 행복을 위해 일을 하는 것이 아니라
다른 사람들이 행복하다고 하는 것을 준비하기 위해 돈을 벌고 있습니다.

1950년대 미국 갑부의 기준이 있습니다. 여러분도 갑부의
기준에 해당되는지 확인해보시기 바랍니다.

1. 집이 있다.

2. 자동차가 있다.

3. TV가 있다.

4. 냉장고가 있다.

5. 전자레인지가 있다.

– 《얼마나 있어야 충분한가》 중에서

아마 우리나라에서도 1950년대에 이 기준에 해당되는 사람은 부자였을 것입니다. 그런데 지금 이 기준에 해당된다고 해서 부자라고 느끼는 사람은 별로 없을 것입니다. 왜냐하면 많은 사람들이 가지고 있는 것이기 때문입니다.

돈을 많이 가지고 있다고 해서 부자라고 생각하는 것이 아닙니다. 남들보다 많이 가지고 있어야 부자라고 생각합니다.

여러분은 한 달에 얼마를 벌면 행복한 삶을 살 수 있다고 생각하십니까?

강의를 다니며 조사해보니 평균 한 달에 500만 원 정도를 벌면 행복한 삶을 살 수 있다고 대답했습니다. 그 500만 원을 어디에 쓸지 적어보게 하고 적은 것을 분석해보니 250만 원씩 두 가지에 쓰는 것으로 나왔습니다. 하나는 현재를 위해서 쓰고 하나는 미래를 위해서 쓰는 것입니다. 250만 원은 현재 생활비로 주로 쓰고 나머지 250만 원은 보험이나 저축, 연금에 넣어두겠다는 것입니다. 결론적으로 한 달에 250만 원이면 행복할 수 있는데 미래가 불안하기 때문에 250만 원을 더 벌어서 넣어두어야 안심할 수 있다는 것입니다. 그래서 그만큼 일을 더 해야 합니다. 만약 사회가 미래를 함께 준비해준다면 개인이 미래를 위해 벌어야 하는 돈의 양은 많이 줄어들 텐데 말입니다.

이처럼 우리는 있지도 않을 일을 준비하기 위해, 필요하지도 않은 돈을 벌기 위해 훨씬 더 많은 일을 하고 있는 셈입니다. 그리고 내 행복을 위해 일을 하는 것이 아니라 다른 사람들이 행복하다고 하는 것을 준비하기 위해 돈을 벌고 있습니다.

> 미래를 꿰뚫어 보는 '목적 중심의 사고'가 중요하다. 돈에 관해서라면 눈앞의 푼돈에 얽매이는 '수단 중심의 사고'가 아닌 미래의 삶의 방식을 내다볼 수 있는 혜안이 필요하다. 그 혜안은 바로 '목적 중심의 사고'에서 나온다.
>
> — 《당신이 잔혹한 100명 마을에 산다면?》, 107쪽

당장 어디에 쓸지도 모르지만 많이 벌면 좋다고 생각하는 사람들도 많습니다. 왜 모으려고 하고, 모은 돈을 무엇을 위해 구체적으로 어떻게 쓸지에 대한 계획도 없이 모으려고만 하는 사람도 많습니다. 분명한 목적 없이 무작정 돈을 모으고 싶어 하는 사람도 많습니다. 이들이 돈을 많이 번다고 행복할까요? 돈을 모으기 전에 인생을 어떻게 살 것인지에 대한 생각을 먼저 해야 하지 않을까요?

필요 이상의 소비

삶은 작은 것에서부터 변화합니다.
냉장고 크기를 줄이고 가족들과 같이 장을 보고 함께 요리를 해보세요.
무엇이 더 중요한지 생각해볼 필요가 있습니다.
돈도 가족들과 행복해지려고 버는 것 아니겠습니까?

얼마 전까지 집에 600리터짜리 냉장고가 있었습니다. 산 지 벌써 10년이 넘은 냉장고였습니다. 살 때부터 아내와 이 냉장고를 꽉 채우지 말자고 합의를 했습니다. 서울에서 지금 사는 동네인 시흥으로 이사할 때도 근처에 시장이나 생협이 있느냐가 이사할 동네를 정하는 기준이었습니다. 그때그때 필요한 식재료를 바로바로 사서 넣어두기 위해서였습니다.

다행히도 10년 동안 냉장고는 꽉 찬 적이 없습니다. 물론 김치는 김치냉장고를 사서 보관합니다. 식재료는 생협과 슈퍼에서 일주일에 두 번 정도 장을 봅니다. 되도록이면 그때그때 신선한 재료를 사서 해먹으려고 합니다. 물론 밑반찬은 항상 냉장고 안에 있습니다. 과일도 자주 사 먹는 편입니다. 하지만 대부분의 사람들은 600리터 냉장고로 어떻게 사느냐고 묻습니다. 자신들은 900리터로도 부족하다고요.

어느 순간부터 우리 삶에서 장 보는 일이 어쩔 수 없이 해야만 하는 일로 여겨지기 시작했습니다. 특히 마트가 생기면서부터 한 번에 많이 살 수밖에 없고 그래서 싸게 사니 이익이라는 생각을 합니다.

어찌 보면 마트는 미국식 소비구조에 맞는 가게라는 생각이 듭니다. 대도시는 다르겠지만 대도시를 제외한 웬만한 곳들은 마트 한 번 가는 게 정말 큰일입니다. 일단 거리가 멀고 차를 이용하지 않으면 짐을 들고 오기도 힘듭니다. 그래서 미국에서는 차가 없는 유학생들이 마트를 가기 위해 친구에게 픽업을 부탁하는 일이 흔합니다.

비슷한 이유로 한국도 대기업에서 운영하는 마트가 늘어나면서 집 근처 구멍가게와 슈퍼들이 문을 닫았고, 그러면서 이제는 마트를 가지 않으면 식재료를 사는 게 쉽지 않은 경우도 많습니다. 또한 매일 장을 본다는 것은 퇴근시간이 정해지지 않은 직장인들에게는 생각할 수도 없는 일입니다. 그러니 아예 장은 주말에 몰아서 보는 것이라는 생각을 합니다. 몰아서 보다 보니 싼

것을 많이 사서 넣어두는 것이 이익이라는 생각도 합니다. 정작 냉장고 안에서는 썩어가는 식재료가 태반인데 말입니다. 오죽하면 냉장고 파먹기라는 문화가 생겼을까요. 냉장고에 오래 보관해둔 재료들을 꺼내 요리를 해 먹으면서 냉장고를 비우는 문화입니다.

물론 1인 가구가 늘어나면서 인터넷으로 식재료를 구매하는 사람들도 늘어나고 있습니다. 그런데 인터넷 주문도 필요할 때마다 적은 양을 매번 주문하기보다는 배송문제 때문에 필요 이상으로 한 번에 많은 양을 주문하는 경우가 많습니다. 냉장고에 식재료가 쌓여가기는 별반 다르지 않습니다. 최근엔 인터넷 쇼핑몰이 이러한 소비자들의 욕구를 반영해서 소량 주문도 무료로 배송하기도 합니다만 그것도 인터넷 쇼핑이 아직은 낯선 사람들에겐 쉽게 시도하기 어려운 일입니다.

아마 전국의 냉장고에 들어 있는 식재료를 모아놓으면 어마어마한 양이 될 것입니다. 당장 먹을 것도 아닌데 말입니다. 그렇다고 요리를 자주 하는 것도 아닌데 말입니다. 그러니 주로 오랫동안 보관할 수 있는 인스턴트 재료를 사서 넣어둡니다. 그로 인해 건강에 무리가 오는 것은 당연합니다. 우리는 필요 이상으로 소비를 하고 있습니다.

삶은 작은 것에서부터 변화합니다. 냉장고 크기를 줄이고 가족들과 같이 장을 보고 함께 요리를 해보세요. 무엇이 더 중요한지 생각해볼 필요가 있습니다. 돈도 가족들과 행복해지려고 버는 것 아니겠습니까?

큰아이가 베트남으로 취업연수를 갔을 때 어느 대학기숙사에서 지냈는데 숙소에 냉장고가 없다고 불평을 했습니다. 가장 큰 불만은 식재료를 넣어둘 수가 없어서 먹고 싶은 한국 음식을 해먹을 수 없다는 것이었습니다. 특히 요즘은 완전 조리된 냉동식품들이 많아서 냉동실에 넣어두었다가 언제든지 데워먹기만 해도 될 정도로 편한데 말입니다.

그런데 냉장고가 없으니 식재료는 물론 아이스크림 하나를 먹으려 해도 그때마다 나가서 사 먹어야 하는 불편함이 있습니다. 아마도 자연스럽게 필요 이상의 소비가 줄어들었을 것입니다. 제가 어릴 때로 돌아가는 것 같습니다. 제가 어릴 때도 냉장고가 없어서 그때마다 식재료를 사다가 해먹었습니다. 아침마다 콩나물과 두부를 파는 아저씨가 골목을 돌아다녔던 기억이 납니다. 당장 필요한 것 이상으로 소비하지 않았습니다.

8년 전 독일에 갔을 때 보니 정해 놓은 판매시간이 지나면 술을 살 수 없었습니다. 독일만 그런 줄 알았는데 캐나다 토론토에 갔을 때도 판매시간이 지나면 술을 살 수 없었습니다. 계획된 음주만 가능했습니다. 서양에서는 대부분 이런 식으로 술을 팔고 있었습니다. 우리처럼 밤새 술을 살 수 있는 나라는 많지 않았습니다. 아무 때나 물건을 살 수 있는 조건이 우리의 소비를 조장하는 것은 아닌지 모르겠습니다.

필요 이상으로 소비를 하다 보니 돈의 기능은 올라가고, 올라간 돈의 기능을 권력으로 사용하는 사람들이 많은 시대에 살고 있습니다. 그 권력을 만들기 위해 필요 이상의 욕구를 만들어 내기도 합니다. 먹고살기 바쁘다는 핑계로 그 욕구가 내 욕구인지 제대로 성찰할 수도 없습니다. 그러다 보면 어느 순간 번 돈을 필요 이상의 소비를 하는 데 써버리고, 또 돈을 벌기 위해 죽어라 일을 해야 하는 악순환을 겪고 있는지도 모릅니다.

욕구의 성찰

내가 정말 좋아하는 것이 무엇이고
난 무엇을 먹어야 건강한지에 대한 성찰이 필요합니다.
그래야 건강하게 살 수 있고
관련 산업이 소비자들의 욕구를 살피게 되어 있습니다.

부모교육을 다니다 보면 이런 말을 많이 듣습니다.

"그래서 어쩌라는 겁니까?"

"어차피 지금 사회는 경쟁사회이고 우리 아이만 협력해서는
살 수가 없는 사회인데요? 저희 아이만 손해 보는 거 아닌가요?"

결국 우리가 경쟁하는 이유는 살아남기 위해서입니다. 그러
기 위해서는 직업이 있어야 하고 직업을 얻기 위해서는 좋은 대
학을 나와야 합니다. 현실을 부정할 수는 없습니다. 하지만 모든
아이가 그렇게 할 수 없는 사회가 되었습니다. 점점 소수의 아이
들만이 살아남는 경쟁사회가 되어버렸습니다. 그런데 그럴 능력

이 안 되거나 성향이 아닌 아이에게까지 억지로 그렇게 하라고 하는 것은 비효율적인 '아이 죽이기'일 뿐입니다.

잘 모르는 어른들은 중소기업이라도 들어가서 일하다 보면 나중에 대기업에도 갈 수 있는 것 아니냐고 하십니다. 그러기 위해서라도 죽어라 공부하라고 하십니다. 하지만 지금의 중소기업은 이미 동남아 노동자나 조선족 노동자들이 상당수 자리를 잡고 있습니다. 그리고 중소기업에서 오래 일한다고 대기업에 갈 수 있는 구조도 아닙니다. 게다가 대기업과 중소기업의 임금격차가 두 배나 됩니다. 여기에 중소기업 비정규직인 경우에는 세 배 이상이나 됩니다. 평생을 죽어라 일해서 친구의 반이나 반의 반만 버는 것을 두고 희망이 있다고 생각하지 않습니다. 그래서 그런 곳에서 출발하는 것을 두려워합니다. 그리고 시도조차 하려고 하지 않습니다. 지금은 일을 하려고 하는 게 아니라 돈을 벌려고 하기 때문에 더욱더 그렇습니다.

그럼 어떻게 해야 할까요? 남들만큼 벌 수 없으면 남들만큼 쓰지 않는 것도 하나의 대안입니다. 남들만큼 벌 필요가 없게 만드는 것입니다. 그래서 중요한 게 욕구에 대한 성찰입니다. '내가 가진 욕구가 진짜 내 욕구일까? 난 그것을 정말 내가 원해서 소비하는 것일까?'라는 물음을 스스로에게 해보는 것입니다.

예를 들어 스마트폰의 기능은 기종에 따라 천차만별입니다.

자신의 욕구에 따라 다른 기종을 선택해야 하는데 대부분 최신 기종을 선택합니다. 정작 모든 기능을 사용하지도 않으면서 말입니다. 그리고 2년이 지나면 자연스럽게 최신기종으로 바꿉니다. 이때 들어가는 비용이 어마어마합니다. 당장은 할부라 느끼지 못하지만 요즘은 최신기종이 100만 원 정도 합니다. 2년을 쓴다고 가정하고 요금제를 5만 원으로 한다면 2년에 220만 원을 통신비로 씁니다. 한 달에 거의 10만 원을 통신비로 쓰는 셈입니다. 여기에 자녀가 둘이 있으면 부부와 자녀가 한 달에 거의 30~40만 원을 통신비로 소비합니다. 이 비용을 벌기 위해 일을 얼마나 해야 하는지를 따져보면 굉장히 큰 비용입니다.

자동차도 마찬가지입니다. 서울시 도로는 제한속도를 평균 50~60km로 지정하고 있고 고속도로도 110km가 최고속도입니다. 그런데 자동차는 220km를 달릴 수 있는 차들이 대부분입니다. 필요 이상으로 기능을 개발해서 비용을 늘리고 있습니다. 최근 출시되는 자동차들은 쓰지 않는 기능들이 많습니다. 그만큼 비용을 높이고 있습니다. 필요하지 않은데도 더 소비하고 이것을 벌기 위해 더 일해야 하는 구조입니다.

예전 학교에 근무할 때 왕십리역 근처에 사는 친한 여선생님이 강남과 강북의 마트를 비교해본 경험을 이야기해준 적이 있습니다. 자신이 사는 곳의 이마트와 강남에 있는 이마트를 비교하며 식자재를 사본 적이 있는데 강남엔 유기농 제품이 많고 강북엔 인스턴트 제품이 많다는 것입니다.

자신이 분석한 이유도 말해주었습니다. 강북에 사는 사람들은 맞벌이가 많고 근로시간도 길어서 바로바로 해먹을 수 있는 인스턴트 식자재를 선호하고, 강남에 사는 사람들은 경제적 여유가 있고 건강을 생각하는 사람들이 많아서 조리에 시간이 걸리더라도 몸에 좋은 식자재를 선호한다는 것입니다.

들다 보니 일리가 있어서 선생님은 주로 어디로 가시냐고 물으니 자신은 혼자 살고 퇴근 후 시간이 많아서 강남으로 장 보러 갔다가 왕십리로 간다고 했습니다.

지역과 소득의 차이에 따라서 선호하는 제품이 다른 것인지, 그런 제품을 선호하는 사람들이 모여 살아서 차이가 나는 것인지는 분석해보지 않아서 모르겠지만 강남과 강북의 선호제품이 다른 것은 확실해 보입니다.

우리는 흔히 내 욕구가 나에게서 나온 욕구라고 생각할 뿐 사회적으로 학습되고 조정된 욕구라는 생각은 잘 하지 못합니다. 대표적인 것이 설탕과 커피입니다. 내가 정말 좋아해서 먹는 것이라고 느낄 뿐 사회적으로 공급자의 관점과 입장이 반영된 것이라는 점은 드러나지 않습니다. 서양의 플랜테이션 농업이 이루어지지 않거나 석유 가격이 지금보다 높다면 지금처럼 싸게 공급받아 소비할 수 없는 것들입니다. 내가 먹고 싶다고 해서 맘대로 먹을 수 있는 것이 아닌 시대에는 누구나 그것에 욕구를 가지고 있다고 하기 어려웠습니다. 싸게 공급되고 접근성이 좋아지면서 자주 먹다 보니 그것이 자신의 욕구인 것처럼 생각되는 것입니다. 정작 가격이 올라가고 접근성이 떨어지면 굳이 먹으려고 하지 않을 텐데 말입니다.

심지어 요즘엔 지엠오(GMO) 옥수수로 올리고당까지 만들어서 싼값에 공급하기 때문에 내가 알지 못하는 사이에 유전자변형 식품을 먹고 있는 경우도 많습니다. 이로 인해 비만과 각종 성인병이 오지만 자신은 단 것을 좋아한다고 생각하고 계속 먹고 있습니다. 일종의 중독현상일 뿐인데 말입니다.

강의를 다니다 보면 강의와 강의 중간에 시간이 남아 영화를 보러 갈 때가 많습니다. 그러다 보니 일주일에 두세 번을 간 적도 있는데 그럴 때는 극장에서 볼 영화가 마땅치 않을 때가 많습니다. 인기가 많은 영화 한두 편만 시간 편성이 많이 되어 있고 나머지 영화들은 상영시간이 하루에 한두 번 잡혀 있는 경우가 많기 때문입니다. 어쩔 수 없이 보고 싶지 않은 영화를 보고 나와야 할 때도 있습니다.

그렇다면 왜 기업은 특정 영화들만 집중해서 상영을 할까요?

그것은 소비자의 모든 욕구에 집중하기보다는 돈이 되는 욕구에만 집중하기 때문입니다. 투자한 비용 대비 이익이 최대로 발생하는 물건이나 콘텐츠에 집중해야 기업 입장에서는 최대의 이익을 얻을 수 있기 때문입니다. 이를 위해 욕구를 표준화하는 경향이 있습니다.

드라마나 영화를 보면 기업의 직원들이 소비자들의 욕구를 조사하러 다니는 장면이 많이 나옵니다. 그런데 그 의도는 모든 소비자들의 욕구를 조사해서 다양한 상품을 만들겠다는 것보다는, 집중된 욕구를 알아내서 그 욕구에 맞는 상품을 만들겠다는 데 있습니다. 돈이 되는 상품을 많이 만들겠다는 것입니다.

나에게 필요한 물건을 만들어주는 것이 아니라 기업에게 돈이 되는 물건을 만드는 것이 지금 표준화의 목적입니다. 표준화는 욕구의 독점입니다. 다양한 욕구를 표준화시켜 소비를 독점하려는 것입니다. 시간만이 아니라 욕구도 독점함으로써 사람들의 행복을 표준화하고 있습니다.

내가 정말 좋아하는 것이 무엇이고 난 무엇을 먹어야 건강한지에 대한 성찰이 필요합니다. 그래야 건강하게 살 수 있고 관련 산업이 소비자들의 욕구를 살피게 되어 있습니다. 그렇지 않기 때문에 학습된 욕구로 몸에 좋지 않은 인스턴트 음식을 먹고 있습니다. 정작 몸에 좋은 음식을 만들 시간을 일하는 데 쓰고 그

것을 대리만족하기 위해 먹방에만 열광합니다. 성찰할 시간이
절대적으로 부족한 것도 사실입니다.

> "등록금하고 월세하고 생활비하고 하다못해 휴대전화 요금
> 까지 제가 사용하는 모든 게 다 돈이에요. 비누를 조금 써도
> 칫솔을 한 번 바꿔도 그것도 천 몇백 원 돈인 거고 하다못해
> 티슈 한 장만 뽑아도 몇 원 이런 식으로요. 최근에 신발을 사
> 려고 했는데 한 6만 원 정도 하더라고요. 그런데 제가 햄버거
> 를 10시간 만들어야 그 신발을 하나 사는 거거든요. 제 인생
> 의 10시간을 그 신발 한 켤레랑 바꾸게 되는 거잖아요. 그래서
> 그냥 안 샀어요."
>
> – SBS 〈수저와 사다리 2〉, 2016년 11월 20일

저성장시대에 취업도 어려운 사람들이 늘고 있는데 대부분
비정규직이나 아르바이트를 하며 최저임금을 받고 있습니다. 또
한 1인 가구가 늘어나면서 혼자 생활비를 책임져야 하는 사람들
이 늘고 있습니다. 더불어 주거비에 들어가는 비용이 점점 늘어
실제 생활비에 들어가는 비용은 줄여야 하는 상황입니다.

일본에는 이런 것들을 다 포기하고 정말 기초적인 생활을
할 수 있을 정도만 소비하는 청년들이 늘고 있다고 합니다. 어찌

보면 자연스런 현상이라 할 수 있습니다. 만약 우리도 청년들의 일자리가 줄어들고 비정규직만 늘어나는 상황에서 그들에 대한 인식이나 제도의 변화가 없으면 일본의 청년들처럼 변할 것입니다. 그럼 아마도 소비가 줄어 기업은 매출이 줄고 더 어려워져서 나라의 경제가 무너질 수도 있습니다. 그렇게 되면 지금보다 더 막막한 시대가 될 수도 있습니다.

필요와 욕구에 따라 현명하게 소비하는 것을 배우지 않으면 소비절벽 시대가 올 수도 있습니다. 대기업이 생산하는 것을 아무 생각 없이 소비하는 것이 아니라 내가 원하는 것을 정확히 알고 소비할 수 있어야 합니다. 그러기 위해서는 대기업 중심의 생산을 지역의 중소기업 중심의 생산으로 바꾸어야 합니다. 미국은 이를 위해 메이커스 시장을 만들고 있습니다. 지역에서 1인 생산자인 메이커스를 양성하고 그들이 만든, 세상에 하나밖에 없는 제품과 소비자들이 요청해서 만든 제품을 거래할 수 있는 시장을 지역 중심으로 운영하고 있습니다.

우리나라에서는 아직 메이커스가 코딩을 활용한 제품 생산으로 이해되고 있어서 저변이 확대되지는 못하는 상황입니다. 그나마 카카오메이커스(makers.kakao.com)나 아이디어스(idus.com)에서 예술가들의 생산과 판매를 지원하는 정도입니다. 하지만 플랫폼을 통한 메이커스 지원은 지역에 기반을 둔 것이 아니어서 소수의 기업에게만 기회가 주어지는 한계가 있습니다.

내가 원하는 대로 주문하고 그것을 만들고 거래가 이뤄지면 지역의 생산자들이 존재할 기반이 살아나고, 그런 메이커스가 점점 많아지면 그들이 지역경제를 일으킬 수 있습니다. 이것이 순환하면 새로운 욕구는 존중받을 수 있습니다.

시간의 독점 및 분할

이제는 시간을 사람들과 나누고 그 시간을 이용하여 활동하는 사람의 가치가 높아져야 합니다. 일하는 시간을 나누어서 더 많은 사람들이 일을 할 수 있도록 하고 그 남은 시간을 이용해서 사람들이 지니고 있는 문제를 해결할 수 있어야 합니다. 그것은 일의 가치가 올라간다는 것과 같은 의미입니다.

"오빠는 왜 세계 여행을 하는 거예요?"

"시간으로부터 도망치려고."

"시간이요?"

"인생을 초나 분으로 나누는 건 우리 인간뿐이야. 시계를 방에 두거나 벽에 걸거나 손목에까지 감고 있지."

– 영화 〈세상에서 고양이가 사라진다면〉 중에서

돈의 가치가 올라간 이유는 돈으로 시간을 소유하는 것이 가능해졌기 때문입니다. 시간의 소유가 가능하다는 것은 돈으로 누군가의 노동시간을 살 수 있다는 것입니다. 그런데 일을 해서 돈을 벌지 않고 돈으로 돈을 버는 것이 가능해졌기 때문에 누군가는 일하는 데 시간을 쓰지 않고도 돈을 벌 수 있습니다. 누군가는 일하지 않고 그 시간에 자신이 하고 싶은 것을 할 수 있는 반면, 돈과 노동시간을 거래한 사람은 그 시간에 정해진 노동을 해야만 합니다. 시간을 나눠 쓰는 게 아니라 돈을 가진 누군가가 독점하고 있습니다.

일하는 시간에 따른 일이나 시간의 가치는 떨어지고 돈의 가치만 올라가는 시대가 되었습니다. 그래서 일하는 시간은 늘었는데 소득은 비슷하고 나를 위한 시간은 줄어들면서 행복도는 떨어지고 있습니다. 그러니 돈이 많은 사람만 시간을 여유롭게 가질 수 있습니다. 시간을 독점하는 것입니다.

지금 우리가 사용하고 있는 시간은 초 단위까지 매우 잘게 나뉘어 있고 매우 정확합니다. 대부분의 사람들은 그 정확성을 근거로 같은 시각을 사용하고 따르기를 바랍니다. 정확성과 대중성에 따라 각 시각에 따라 해야 할 일들도 정해놓고 있습니다. 예를 들면 아침 출근은 몇 시까지 해야 하고 점심은 몇 시부터 몇 시까지 먹어야 하고 잠은 몇 시에는 자야 합니다. 저도 퇴직 후 한동안 할 일도 별로 없는데 정해진 시각만 되면 나가야 할 것 같고 먹어야 할 것 같은 기분 때문에 힘들었습니다.

많은 공공기관과 회사들이 이 약속을 따르고 있습니다. 만약 그 약속을 따르지 않을 때에는 어느 정도의 손해를 감수해야 합니다. 어떤 기업이 출근시간을 앞당겼다가 거래처들의 불만과 항의로 다시 원래 시간표대로 바꾼 것이 대표적인 사례가 아닐까 합니다.

이런 시간의 개념이 시작된 것이 언제부터일까요? 응팔(드라마 〈응답하라 1988〉) 세대인 저도 초등학교 다닐 적에 친구들과 만날 약속을 정할 때 시각을 이야기하지 않았습니다. 시계를 가지고 있는 친구가 드물기도 했지만 거의 다 같은 동네에 살았기 때문에 군이 몇 시에 만나자는 약속을 할 필요가 없었습니다. 다들 시간이 남아돌았기 때문에 그냥 집 앞에 가서 부르면 됐습니다. 그래서 대부분 해 뜰 때 만나자, 점심때쯤 보자, 아니면 해 떨어지고 만나자라는 식으로 약속을 정하곤 했습니다. 주로 해를 기준으로 약속을 정했던 것 같습니다. 왜냐하면 할 수 있는 일이 해 뜨기 전과 해 떠있을 때와 해 진 후가 달랐으니까요. 그만큼 시간의 개념이 세분화되지 않았습니다. 아마도 중학교에 들어가 학습계획표라는 것을 만들기 시작하면서부터 시간을 쪼개서 공부할 계획을 세우기 시작한 것 같습니다. 그러면서 한 시간이라도 헛되게 사용하면 무슨 죄를 지은 것처럼 힘들어했습니다.

그렇게 6년을 넘게 살다가 대학에 입학하고 선배들과 학생회 활동과 동아리활동을 하는데, 어느 누구도 시간을 쪼개서 사는 선배가 없었습니다. 강의가 끝나면 학생회관에 모여 술 마시고 이야기 나누는 게 다였습니다. 유일하게 기숙사생들만 통금 시간 때문에 시계를 쳐다보며 초조해했습니다. 특히 술자리를 함께하던 선배들은 더 심했습니다. 항상 모이면 누가 먼저랄 것 없이 술을 마시기 시작했고 항상 밤늦게까지 술자리는 이어졌습니다. 하지만 누구도 그런 모습을 이상하게 생각하지 않았습니다. 시간에 얽매이기보다는 시간의 주인인 것처럼 살았습니다. 저도 그렇게 대학생활을 했습니다.

그 습관이 남아 직장생활 초기에는 무척 긴장도 하고 힘들었습니다. 밀려드는 업무와 수업들로 정신을 차릴 수가 없었으니까요. 대부분의 직장인들이 아마 그렇게 살고 있을 것입니다. 하지만 그렇게 시간을 잘게 쪼갠다고 나의 행복지수가 올라가는지는 의문입니다. 그렇다면 왜 그렇게 시간을 쪼개고, 쪼갠 시간을 나눠서 뭔가를 하나라도 더 하려고 노력하게 되는 것일까요? 그게 나를 위한 것일까요?

"저는 가장 적게 일하고, 가장 많이 누리고 싶어요. 기업은 가장 적은 비용으로 가장 많은 이윤을 올리면 칭찬받는데, 왜 우리는 그러면 안 되는 거죠? 그냥 하고 싶은 일, 하고 싶은 만큼

하며 살고 싶어요!"

– 《열심히 일하지 않아도 괜찮아》, 64쪽

왜 기업만 되고 개인은 안 된다고 하는 걸까요? 어느 여고생이 쓴 글이라는데 뒤통수 제대로 맞았습니다. 만약 개인이 안 된다면 기업도 안 되는 겁니다. 기업도 쓴 만큼 벌어야 합니다. 개인과 기업의 욕구는 합의가 필요합니다. 일방적으로 누구의 시간을 희생하라고 하면 개인만 희생할 수밖에 없습니다. 어느 한쪽이 시간을 독점하는 것이 아니라 서로의 시간을 보장해줄 수 있는 방향으로 합의를 해야 합니다.

최소의 비용으로 최대의 효과를 내는 건 이기적인 것입니다. 나에겐 최소의 비용으로 최대의 효과를 내는 것이지만 다른 사람에겐 최대의 비용으로 최소의 효과를 내라는 것이기 때문입니다. 나는 적게 일해서 좋지만 누군가는 내가 적게 일한 만큼 그 시간에 더 일을 해야 하기 때문입니다. 또 '최소의 비용'이라 함은 변수를 인정하지 않는 것입니다. 일을 하는 것은 사람인데 사람에게 일어날 수 있는 다양한 변수를 인정하지 않는 것입니다. 일을 하다 보면 아플 수도 있고 쉴 수도 있고 가족에게 무슨 일이 생길 수도 있습니다. 그런데 그것은 포함하지 않는 것이 '최소의 비용'입니다. 기업의 욕구에 내 욕구를 맞추기 위해 죽어라 일하는 것이 아니라 내 욕구도 인정받으며 일할 수 있는 만큼 일할 수 있어야 합니다. 그래야 나의 욕구만이 아니라 우리의 욕구가 무엇인지도 성찰할 시간이 생길 것입니다.

2014년 학교를 그만두고 일을 하면서 정말 분초까지 쪼개서 강의를 다녔습니다. 밀려드는 강의에 어떻게든 맞춰보려고 시간을 쪼개고 쪼갰습니다. 그러면서 점점 내가 시간을 주체적으로 사용한다기보다 시간에 수동적으로 사용당한다는 생각이 들었습니다.

2015년 미국에서 혼자 6개월을 지낸 적이 있습니다. 혼자 시간을 보내면서는 다시 대학 때의 모습으로 돌아갔습니다. 해야 할 일이 없고 정해진 시간표가 없다 보니 시간을 쪼갤 이유가 없었습니다. 내가 시간을 쪼개서 뭘 더 한다고 달라지는 게 없었습니다. 배고프면 먹고 자고 싶으면 자고 식재료 떨어지면 장 보러 갑니다. 장을 하루에 두세 번 본다고 더 좋은 물건을 사는 게 아니니 촉박하게 서둘러 장을 볼 필요도 없었습니다.

경제가 발달하면서 바뀐 시간 개념이 바로 시간은 돈이라는 개념입니다. 똑같은 시간에 남들보다 더 일하면 더 많이 벌 수 있다는 개념이 생겼습니다. 그렇게 돈을 더 벌어야 해결할 수 있는 문제가 많다고 생각합니다. 결국 개인적인 시간을 줄이더라도 일을 많이 해서 돈이 많으면 행복하다고 생각합니다. 과거 농경사회에서는 정해진 면적에서 내가 오늘 하루 일을 더 한다고 농사가 더 잘되는 것이 아닙니다. 철마다 정해진 일을 꾸준히 해야 합니다.

그렇게 시간을 쪼개가며 일을 하기 때문에 과거에 비해 수입은 늘어나지만 행복도는 오히려 떨어지고 있습니다. 과거에는 돈이 되지 않는 일에 시간을 많이 사용했는데 지금은 그런 것들을 사치이고 낭비인 것처럼 생각합니다. 예를 들면 가족들과 밥을 같이 먹는 것, 가족들과 대화하는 것, 친구의 고민을 들어주는 것, 이웃과 모임을 갖는 것과 같은 일들 말입니다.

"제가 가장 힘들었던 것은 그 학원이나 학교의 시간표라는 것이었습니다. 시간표는 몇 시부터 몇 시까지 어떤 과목을 한다는 것이 쭉 배치되어 있는데 그 과목들이 진행되는 순서는 내가 아파도 그것과는 상관없이 날 돌아봐주지 않고 그냥 진행이 되는 거죠. 서당에서는 그렇게 하지 않습니다.

서당에서는 배움의 주체가 나입니다. 그래서 내가 힘들면 하루쯤 쉬어가도 그 다음부터 이어서 갈 수 있습니다. 하지만 학교나 학원에서는 그 시간에 내가 빠지면 내가 아팠거나 무슨 일이 있었거나 상관없이 그냥 지나가고 나는 그 부분을 못 배우고 넘어가는 거죠. 그런 것을 놓치지 않으려면 내가 그 시간

에 맞춰야만 하는 거라서 그게 서당생활을 15년 동안 한 저에
게는 맞지 않았던 것 같았고 제 몸이 그것을 이겨내지 못했던
것 같습니다."

– 한재훈(연세대 교수), KBS 〈강연 100℃〉 중에서

사람마다 생각하고 일하는 속도가 다릅니다. 그런데 시간의
기준은 같습니다. 그 사람의 속도에 시간을 맞추기보다는 시간
의 속도(일정한 시간에 더 많은 일을 해야 하는 사회의 기준)에 그 사람의 속
도를 맞추라고 합니다. 이 속도의 기준이 다양해지지 않으면 앞
으로 행복도는 더 떨어질 거라고 생각합니다. 대표적인 사람들
이 노인들입니다. 젊은이의 일하는 속도를 따라가지 못할 때 노
인들은 더 이상 자신이 쓸모 있다고 생각하지 않습니다. 그만큼
행복할 자격도 없다고 자책합니다.

자신의 속도로 세상을 살 수 있는 시간을 발견하지 못하면
항상 쫓기듯이 살 수밖에 없습니다. 타인과 관계 맺는 시간을 낭
비라고 생각하고 살다 보면 나를 위한 시간도 낭비로 느껴집니
다. 세상이 정해놓은 시간이 아닌 자신만의 시간을 찾아보고 자
신과 타인에게 시간을 나눠야 합니다.

사람들에게서 더 이상 쪼갤 시간이 사라지고 있습니다. 지금
도 너무 많은 시간을 일하는 데 써서 지치고 쓰러지는 사람들이

넘쳐나고 있으니 말입니다. 이제는 시간을 사람들과 나누고 그 시간을 이용하여 활동하는 사람의 가치가 높아져야 합니다. 일하는 시간을 나누어서 더 많은 사람들이 일을 할 수 있도록 하고 그 남은 시간을 이용해서 사람들이 지니고 있는 문제를 해결할 수 있어야 합니다. 그것은 일의 가치가 올라간다는 것과 같은 의미입니다. 일이라는 것에 돈을 버는 것만이 아니라 서로의 문제를 해결하는 것도 포함되도록 해야 서로의 가치를 확인하는 시간이 될 수 있습니다.

다가올 시대에 인공지능 로봇에게 일을 빼앗기고 나면 남는 시간을 다른 누군가를 위해 내어주느냐, 아니면 자신의 여가시간으로 만드느냐가 중요한 화두가 될 것입니다. 과거엔 육체적으로 힘든 일을 해서 육체를 관리해주는 일이 많았다면, 현재는 육체적으로 힘든 일은 기계나 로봇이 대신 해주고 사람은 정신적으로 힘든 일을 하고 있어서 정신을 관리해주는 일이 많아지고 있습니다. 과거에 비해 병원에 정신과가 늘어나거나 지역에 청소년상담소나 가족상담소가 많아지는 것이 그런 이유일 것입니다. 결국 인공지능 로봇에게 일을 빼앗기면 사람들이 할 수 있는 일은 사람을 위한 일이 될 것입니다. 일을 빼앗긴 사람의 여가를 관리하거나 일을 빼앗긴 사람들 사이의 갈등을 중재하거나 해결해주는 일들이 많아질 것입니다. 일하는 시간의 효율성을 높이기 위해 개발된 인공지능 로봇 때문에 사람의 시간을 관리해주는 일이 늘어날 것입니다. 또다시 누군가가 돈이나 또 다른 로봇으로 사람들의 늘어난 시간을 독점한다면 사람은 쓸모없는 존재가 될 수밖에 없습니다.

보이지 않는 돈

음악에 맞춰 의자 주위를 사람들이 빙글빙글 돌기 시작한다. 그러다 갑자기
음악이 멈추면 모든 사람들이 의자에 서로 앉으려고 한다. 하지만 의자는
사람 수보다 하나 부족하다. 부족한 의자는 이자라는 명목으로 이미 **빼**버린 것이다.

-《엔데의 유언》

지금 전 세계를 돌아다니는 돈의 95퍼센트 이상은 실제의 경
제 상품이나 서비스의 거래에서 쓰이지 않는다. 2000년 현
재 외환시장에서 하루에 거래되는 돈의 액수는 1.5조 달러라
고도 하고 2조 달러라고도 한다. 이것은 하루 동안의 액수다.
1년 치로 환산하면 믿을 수 없는 액수가 된다. 그 95퍼센트가
실제 경제거래와는 무관한, 단순히 금융상의 거래에 사용되고
있다. 한 마디로 돈이 돈을 낳는 투자처를 찾는 움직임이나 투
기에 사용된다는 것이다.

-《엔데의 유언》, 258쪽

과거에는 실물과 돈이 등가였고 돈이 교환의 의미가 컸기 때문에 실물경제 범위 이상으로 돈을 발행하거나 소유하지 않았습니다. 그래서 계나 두레처럼 자신들이 낼 수 있는 자본이나 할 수 있는 일의 범위 안에서만 경제생활을 했습니다. 그것도 필요한 사람을 위해 돈을 몰아주는 계와 같은 경우 외에는 돈을 모으는 경우도 없었습니다. 돈을 모아봐야 실물이 많지 않아 필요 이상으로 살 수도 없었기 때문에 전문 상인이 아니고서야 돈을 모을 필요가 없었습니다. 지금도 로또처럼 구매자들이 구매해서 실제 모인 돈으로만 범위를 제한하는 것들도 있습니다.

실물경제에서 금융경제로 넘어오면서는 실물자본보다 금융자본이 중심이 되었습니다. 실물에 해당하는 돈을 발행하기보다는 돈을 담보로 대출하는 돈이 더 많은 상황입니다. 그래서 실제로 실물보다 많은 돈이 거래되고 있습니다. 위 글을 보면 현재 95퍼센트 이상의 돈은 실물과는 관계없는 금융거래를 위한 돈이라는 이야기입니다. 실물보다 많은 돈이 거래되고 있다는 것은 존재하지 않는 실물에 대한 비용을 미리 지불한다는 의미입니다. 그것은 미래의 실물을 현재에 미리 쓰는 것입니다. 그렇기 때문에 필요 이상으로 과생산이나 과소비를 부추기게 됩니다. 과생산과 과소비는 그대로 환경파괴로 이어집니다. 지금 세대는 미리 써서 좋다고 생각할 수 있지만 그 비용은 미래의 후손들이 갚아야 하기 때문에 다음 세대에게는 큰 부담이 될 것입니다.

또한 실물만 미리 쓰는 것이 아니라 누군가의 일을 미리 사용한다는 의미도 되고 누군가의 돈을 미리 사용한다는 것이기도 합니다. 그렇기 때문에 누군가 과하게 돈을 소유한다는 것은 누군가의 일을 착취하거나 누군가의 돈을 착취하는 것이기도 합니다.

소비자가 공급자에게서 직접 물건을 사는 것은 이미 물건을 만든 사람의 일에 대한 비용을 지불하는 것입니다. 하지만 주식 투자처럼 아직 나오지 않은 물건이나 보이지 않는 물건에 비용을 지불하는 것은 앞으로 할 일에 비용을 지불하는 것입니다. 일종의 미래의 일에 비용을 지불하는 것입니다.

그런데 이때 그 지불한 돈을 받은 자본가가 자신의 이익으로 대부분을 가져가거나 노동자에게 공정하게 나누지 않고 축적을 하면 미래의 일에 지불할 돈이 사라집니다. 그렇게 되면 미래의 누군가는 자신의 일에 대한 대가를 받지 못하거나 기준 이하의 대가를 받을 수밖에 없습니다. 일종의 미래 세대의 일을 지금 세대가 빌리는 것과 같습니다.

물건을 살 때는 보이지 않지만 이미 그 물건의 가격에는 수많은 사람들의 일한 시간과 일에 대한 대가가 포함되어 있습니다. 일에 대한 적절한 비용을 지불하지 않는다면 수많은 사람들의 일에 대한 대가를 지불하지 않고 자신의 이익으로 만들어버리는 것인데 그런 사람들이 점점 늘고 있습니다.

일을 하지 않으면서 돈으로 돈을 버는 것은 일하는 사람들의 마음을 지배해버립니다. 더는 일하지 않고 돈을 벌려고 하는 사람들이 늘어나는 이유입니다. 돈만 있으면 일하지 않고도 사는 데 아무 지장이 없습니다. 그런 사람이 많아지면 많아질수록 경제에서 순환되지 않고 축적되는, 보이지 않는 돈은 더 많아질 것입니다.

> 사람들은 이자란 대출을 했을 경우에만 지불하는 비용이라고 여긴다. 당신도 고개를 끄덕이며 전적으로 동의할 것이다. 하지만 우리는 이 믿음이 거짓임을 사회 곳곳에서 쉽게 발견할 수 있다. 모든 가격은 이자를 포함하고 있다. 가령 생산자는 상품을 만들기 위하여 기계 구입비, 관리비, 서비스 제공만큼의 노동임금을 지불하여야 한다. 이러한 비용을 위해 대출을 하고 이자를 지불했다면 생산자는 이자를 포함하여 가격을 결정할 것이다.
>
> – 《화폐를 점령하라》, 51쪽

물건을 살 때 또 한 가지 보이지 않는 돈이 있습니다. 순전히 돈을 위해 지불하는 이자가 그것입니다. 심지어 이 돈은 소유

주도 알기 어렵습니다. 왜냐하면 여러 기관을 거쳐서 부풀려지고 변형된 돈이기 때문입니다. 보이지 않는 이자 때문에 사람들은 필요 이상으로 일을 많이 하고 있습니다. 이자가 없으면 하지 않아도 될 일을 이자 비용만큼 더 하고 있습니다. 결국 누군가의 보이지 않는 이익을 위해 일을 더 하고 있는 셈입니다.

이자는 국민이 생산한 모든 것이 미리 지불해야 하는 대상이다. 음악에 맞춰 의자 주위를 사람들이 빙글빙글 돌기 시작한다. 그러다 갑자기 음악이 멈추면 모든 사람들이 의자에 서로 앉으려고 한다. 하지만 의자는 사람 수보다 하나 부족하다. 부족한 의자는 이자라는 명목으로 이미 빼버린 것이다. 사회에 한 사람의 낙오자가 생긴다. 그리고 다시 음악이 흐른다. 의자는 또 하나 부족하다. 이렇게 게임은 계속된다. 설령 자기가 지금 당장 의자를 하나 차지했다고 해도 그것은 누군가가 낙오되었기 때문이다. 언제 자신이 그 낙오자가 될지 모른다. 장기대출의 경우처럼 대출이자가 복리일 경우, 음악이 시작되기 전에 미리 빼버리는 의자가 많아진다. 수많은 사람이 채무의 노예가 되어 인생을 저당 잡혀버린 현실을 보면 알 수 있다.

– 《엔데의 유언》, 256~257쪽

이자를 가져갈 수 있는 사람들은 소수이고 이자를 갚지 못하는 누군가는 낙오자가 됩니다. 국가가 발행한 돈은 정해져 있고 그 돈으로 은행이 신용대출 해줄 수 있는 한도도 제한이 있기 때문에 그 돈을 차지하지 못한 사람이나 차지했더라도 원금 이상의 이자를 갚지 못한 사람은 낙오자가 될 수밖에 없습니다. 분명 충분히 일할 수 있고 경제생활을 할 수 있는데도 이자 시스템을 유지하는 과정에서 낙오자가 되어 경제생활에서 보이지 않는 사람이 되어버립니다. 그렇게 사라진 사람들이 너무나도 많은데 모두 그 사람의 책임으로 돌려버립니다. 그렇게 사라진 사람들을 돌보기 위해서는 또 다른 돈이 필요합니다. 그 돈을 벌기 위해 누군가는 더 많은 일을 해야 합니다. 이처럼 눈에 보이지 않는 돈인 이자는 누군가를 보이지 않는 사람으로 만듭니다.

보이지 않는 돈이 많아질수록 누군가에게 돌아가야 할 일에 대한 대가는 줄어들거나 사라질 것입니다. 분명 일은 하는데 그에 대한 대가는 없어집니다. 그러면 사람들은 일하려고 하지 않습니다. 그러지 않기 위해서는 보이지 않는 돈을 줄여가야 합니다. 눈에 보이는 돈으로 만들어야 합니다. 실제 거래되는 돈을 늘려가고 눈에 보이지 않는, 돈을 위한 돈을 줄여가면서 돈이 순환하여 보이도록 해야 합니다.

돈과 일의 분리

실비오 게젤은 스탬프 머니를 만들었고, 슈타이너는 에이징 머니를 만들었습니다.
시간이 지나면 효용가치가 줄어드는 돈입니다. 그러면
일의 기능과 돈의 기능을 분리할 수 있고 돈은 단지 교환기능만 남기 때문에
돈이 돈을 버는 일은 있을 수 없습니다.

슈타이너는 '소득과 직업, 보수와 일이 하나가 되어버린 것'이
현대의 참상을 불러온 원인이라 보고, '동포를 위해 일하는 것
과 일정한 수입을 얻는 것은 서로 완전하게 분리된 별개의 것'
이라고 정의한다.

－《엔데의 유언》, 89쪽

일과 돈을 분리하지 않고 일치시켜도 문제가 생깁니다. 일과
돈을 분리하지 않기 때문에 일을 돈으로만 평가합니다. 돈이 되
는 일만 하려고 합니다. 그가 무슨 일을 하는지는 중요하지 않고

얼마를 버는가만 중요하게 여깁니다. 사람의 일을 돈으로만 평가합니다. 그렇기 때문에 돈을 벌지 못하는 사람을 가치 없는 사람으로 봅니다. 일의 기능과 돈의 기능을 동일하게 봅니다. 그 기능을 분리할 필요가 있습니다.

> "내가 보기에 현대의 돈이 갖는 본연의 문제는 돈 자체가 상품으로 취급되고 있다는 겁니다. 원래 등가대상이어야 하는 돈 자체가 상품이 되어버린 것, 그것이 결정적인 문제라고 생각해요. 돈 자체가 매매되는 것이 현대입니다. 이것이 용서받을 수 있는 일인지? 이 때문에 화폐 내부로 화폐의 본질을 왜곡시키는 어떤 것이 끼어드는 게 아닐까요? 이것이 핵심적인 문제라고 생각합니다."
>
> – 《엔데의 유언》, 86쪽

또한 일을 통해 만든 물건만이 아니라 일 자체도 상품화합니다. 그래서 돈의 역할과 일의 역할을 분리하지 못하기 때문에 돈을 주고 일을 소유하려고 합니다. 일을 한 대가로 돈을 버는 것이 아니라 돈으로 일을 산다고 합니다. 일상생활에서 누군가의 서비스만을 요구하는 것이 한 예가 될 것입니다. 마트에서 직원에게 필요 이상의 서비스를 요구하거나 기간제 선생님에게 정교사와는 다르게 무례하게 대하는 것이 해당될 것입니다. 일을 그 자체로 보는 게 아니라 내가 지불한 돈으로 그의 일을 소유했다고 생각합니다. 그래서 그 일을 하는 사람도 자기 마음대로 할 수 있다고 생각합니다.

게젤의 자유화폐는 한 달에 한 번씩 액면가의 1퍼센트에 해당하는 비용을 부담하지 않으면 사용할 수 없는 구조를 통해 유통을 촉진하려는 돈이다. 그에 비해 슈타이너의 노화하는 화폐는 돈에 25년 정도의 기한을 설정하고 가치의 높낮이를 정하여 결제, 융자, 증여와 같은 영역에서 화폐의 흐름이 자동적으로 조정되어 경제가 균형을 유지한다는 것이다. 게젤과 슈타이너가 제창한 화폐는 경제학에서 '에이징머니(노화화폐)'라고 한다. 둘의 생각은 같은 개념에서 성립된 것으로 보인다. 구체적으로 '나이 먹게 하는 방법'에는 분명 차이가 있다. 하지만 그 가치가 영원히 사라지지 않는다고 생각했던 돈에 일종의 한계를 지우려 했고, 돈의 존재방식을 바꿔서 경제를 되살리고자 했던 의도는 서로 같다고 할 수 있다.

– 《엔데의 유언》, 85~86쪽

돈이라는 것은 교환기능을 넘어 그 자체가 목적이 되는 순간

무한권력을 갖게 됩니다. 이를 무력화하기 위해 실비오 게젤은 스탬프 머니(stamp money)를 만들었고, 슈타이너는 에이징 머니(aging money)를 만들었습니다.(자세한 설명은 4장에서 하겠습니다.) 시간이 지나면 효용가치가 줄어드는 돈입니다. 그러면 일의 기능과 돈의 기능을 분리할 수 있고 돈은 단지 교환기능만 남기 때문에 돈이 돈을 버는 일은 있을 수 없습니다. 돈의 권력은 무너지고 일의 가치는 올라갑니다.

> '보수와 일의 분리'를 말 그대로 실천하고자 하나의 은행계좌에 각자의 수입을 이체한 뒤 자유롭게 인출하여 사용한다는 규칙을 실천하는 그룹도 있었다.
>
> — 《엔데의 유언》, 91쪽

일본의 '애즈원'이라는 커뮤니티는 실제로 이렇게 살고 있습니다. 일과 돈을 분리하고 일을 해서 번 돈을 공동계좌에 모두 입금해서 필요한 사람이 쓸 수 있도록 합니다. 일을 하는 목적이 돈을 버는 것이 아니라 살아가는 것이기 때문에 누구나 살아가는 데 필요한 사람이 있으면 사용할 수 있다고 생각하기에 가능한 일입니다. 왜냐하면 그 누군가가 자신이 될 수도 있다는 것을 알기 때문입니다. 누군가 행복하기 위해 일을 하는 것이지 돈을 벌기 위해 일하는 것이 아니기 때문입니다. 돈을 내가 행복하기 위한 수단으로만 보는 것입니다.

인간과 사회 탐구, 제로에서 시작한다

일본 나고야 주부 공항에서 배편으로 한 시간이면 소도시 스즈카에 닿는다. 그곳에선 독특한 실험이 전개되고 있다. 인류가 전에 만들어본 적이 없던 사회를 만들어보자는 실험이다. 화도 다툼도 없고, 죄와 벌도 없으며, 어떤 사람이든 일을 해야 한다는 강박도 없이 느긋하고 즐겁게 살아갈 수 있는 사회를 만들자는 것이다.

그야말로 공상 소설 속에나 있을 법한 얘기를 현실에서 실현하겠다고 나선 곳은 '애즈원 커뮤니티 스즈카'다. '애즈원(As one)'은 비틀스의 '이매진'이란 노랫말 가운데 "세계는 하나가 될 거예요(The world will be as one)"에서 따온 말이다. 그런데 이곳은 지금까지 간 아속이나 오로빌이나 브루더호프처럼 한마을공동체가 아니다. 스즈카컬처스테이션, 즉 문화센터 같은 본부를 중심으로 이들이 사는 4채의 집과 기숙사, 일터인 도시락 가게와 농장 등이 스즈카 곳곳에 흩어져 있다. 하지만 이들은 '한 지갑'으로 '돈 없이도 행복하게 사는 커뮤니티'를 모색하고 있다. 그러니 공동체가 아니라고 할 수는 없다.

'애즈원 스즈카 커뮤니티'의 모태는 야마기시다. 야마기시 공동체 가운데서도 한때 3천여 명이 살 만큼 세계 최대 공동체 마을의 하나였던 도요사토는 이곳에서 불과 차로 20여 분 거리에 있다. 2000년부터 시작된 애즈원의 주축은 한때 이상사회의 모델로 여겨져 온 야마기시를 이끌던 두뇌집단들이다. 야마기시에서도 머리 좋기로 손꼽히던 이들이 왜 이미 경제적 기반을 확고히 구축한 야마기시를 탈출해 맨몸으로 맨땅에 헤딩하는 험고를 자처한 것일까.

2005년 말 시작한 '어머니도시락'이 하루 1천여 개의 도시락을 팔아 연간 우리 돈으로 10억 원 정도의 수익을 올리고 있다. 일본식 전통가옥 등 괜찮은 집 네 채도 사들였다. 그럴듯한 방문자 센터도 갖췄다. 어머니도시락에선 40~60여 명, 농장에선 8~15명가량이 일한다.

애즈원은 '커뮤니티(공동체)'라고는 하지만 규약이나 제약도, 의무나 책임도 없다. 따라서 정식 멤버 규정도 없다. 100퍼센트 이곳에 몸을 담근 이도 있지만, 시간제로 일하는 이들도 있다. 특정할 수는 없지만 어른 150명 등 200명가량이 함께하는 것으로 보인다.

이 가운데 70여 명은 어머니도시락이나 농장에서 일해도 센터 격인 '오피스'에 급료 전액이 자동 입금되게 해놓았다. 집세와 신용카드 요금이나 세금은 오피스에서 지급하고, 필요한 돈은 오피스에서 타다 쓴다. 또 농장과 어머니도시락의 생산품 등을 가져다놓은 이들의 가게 '조이'에서 식료품 등을 무료로 갖다 먹을 수 있다.

사람마다 욕구가 다르고 쓰임새도 다를 것이다. 그런데 어떻게 자신의 소득을 다 맡기는 게 가능할까. '별로 일도 안 하는 사람이 돈을 다 써버리면 어떻게 하느냐'는 물음에 사토시 후카다(67)는 "그런 사람은 없는 것 같다"며 "'내 것을 다른 사람이 써버리면 어떻게 하지'라는 마음보다는 '함께 잘 써주니 좋다'는 마음이 든다"고 말했다. 사유경제 사회에서 이해하기 쉽지 않은 모습이다.

– 〈한겨레신문〉 2017년 4월 19일 자, 조현 기자

3장 사람을 위한 경제는 어떻게 현실이 되는가

사람의 가치가 바뀌고
사람의 역할이 바뀌고 있습니다.
자본을 위한 경제에서 사람은 자본을 위한 도구로 전락했습니다.
돈을 위한 시스템에 사람을 맞추려 하지 사람을 위한
시스템을 만들려 하지 않습니다.
시스템을 위해 사람은 해야 할 일만 하면 됩니다.
이로 인해 하고 싶은 일을 하는 사람은 보이지 않고
돈을 버는 일을 하는 사람만 보입니다.
그러니 돈을 벌지 못하는 사람은 숨어버립니다.

사람을 위한 일

"착오가 생겼소. 심장이 안 좋아서 의사 소견상 일을 쉬고 있는데
질병수당을 끊겠다는 편지가 왔소."
"심사 결과 12점인데 15점은 돼야 해요."
"점수? 무슨 게임하나?"
– 영화 〈나, 다니엘 블레이크〉

"블레이크 씨 아만다라고 해요. 질병수당 지급자격을 확인하
기 위해 질문을 드릴 거예요. 오래 걸리지는 않아요. 첫 번째
질문입니다. 혼자서 50미터 이상 걸으실 수 있나요?"

"그렇소."

"좋아요. 윗주머니까지 양팔을 올리실 수 있나요?"

"52쪽 양식에서 이미 대답했소만."

"서류는 받았는데 뭐라고 쓰신 건지 알아보기가 어렵네요."

"할 수 있소."

"모자를 쓰듯 양팔을 높이 올리실 수 있나요?"

"사지는 멀쩡하다 했잖소."

"질문에 답해주세요."

"내 의료기록 보고 심장 얘기나 합시다."

"대답부터 해주시면 안 될까요?"

"알겠소."

"모자는 쓰실 수 있으시단 거죠?"

"그래요."

"좋습니다. 전화기의 버튼을 누르실 수 있나요?"

"손가락에는 이상 없소. 심장에서 점점 멀어지는군."

"그럼 계속해서 질문드릴게요. 혹시 의사소통에 어려움을 겪으신 적 있나요?"

"심장 얘기를 하자는데 안 통하는 지금이 그렇소."

"블레이크 씨, 계속 이렇게 나오시면 자격 심사에 득 될 게 없어요. 질문에만 대답해주세요."

"알겠소."

"감사해요. 배변 장애가 생길 정도로 통제력을 상실하신 적이 있나요?"

"이렇게 답답해서야 곧 그렇게 될 것 같소."

"자명종을 맞추는 건 가능하세요?"

"돌아버리겠군. 그렇소. 나도 하나 물읍시다. 당신 전문가 맞소?"

"저는 고용지원수당 대상자 심사를 위해서 고용연금부에서 파견한 의료 전문가예요."

"대기실에서 일하는 양반 말로는 미국업체 소속이라던데."

"정부가 고용한 파견업체예요."

"그럼 간호사요, 의사요?"

"저는 의료 전문가예요."

"난 심각한 심장마비 때문에 추락사할 뻔했소. 좋아서 쉬는 게 아니오. 심장 얘기부터 좀 합시다. 딴 데는 다 멀쩡하니까 넘어가요."

– 영화 〈나, 다니엘 블레이크〉 중에서,
주인공이 질병수당 지급 자격 담당 공무원과 인터뷰하는 장면

〈나, 다니엘 블레이크〉는 영국의 복지정책을 비판하는 영화입니다. 무덤에서 요람까지 전 세대의 복지를 책임진다고 알려져 있는 복지선진국인 영국에서조차 사람을 사람으로 보지 않고 복지의 대상으로만 보면서 복지정책 시스템에 복지대상자를 맞추려고 하는 모습을 보여줍니다.

감독은 영화 초반부터 보는 사람을 답답하게 만듭니다. 주인공은 자신이 아픈 부위인 심장 이야기를 하고 싶은데 담당 공무원은 매뉴얼대로 처음부터 끝까지 질문을 이어갑니다. 그것이

왜 필요한지도, 주인공에게 도움이 되는 것인지 아닌지도 아랑
곳하지 않은 채 일단 질문만 합니다. 사람의 말보다 매뉴얼이 더
중요해 보입니다. 사람을 위해 일을 하는 것인지 일을 위해 사람
이 필요한 것인지 모를 정도입니다.

"1시간하고도 48분이나 기다렸소. 축구경기보다 길군. 요금은
어쩔 거요?"

"죄송해요. 워낙 바빠서요."

"착오가 생겼소. 심장이 안 좋아서 의사 소견상 일을 쉬고 있
는데 질병수당을 끊겠다는 편지가 왔소."

"심사 결과 12점인데 15점은 돼야 해요."

"점수? 무슨 게임하나?"

"저희 쪽 의료 전문가의 견해로는 취업이 가능하세요."

"그 여자가 내 몸 상태를 내 담당 의사보다 잘 안다는 거요?
항고하고 싶소."

"그러려면 재심사부터 신청하셔야 돼요."

"그건 또 무슨 소리요?"

"심사관이 재심사한 후 다시 기각돼야 항고할 수 있어요."

"그럼 그거 신청합시다."

"그럼 먼저 심사관의 전화를 받으세요."

"무슨 전화?"

"결정 통보 전화요."

"어차피 결정은 된 거잖소."

"하지만 원래는 편지보다 전화를 먼저 드려요."

"결정이 바뀌려나?"

"아니요. 그런 건 아니에요."

"그럼 통보는 끝난 거 아니오? 편지 읽어드릴까?"

"전화가 먼저예요."

"안 왔다잖소."

"그래도요."

"타임머신도 없는데 어쩌라는 거요?"

"전화가 갈 겁니다."

"이보시오. 이럴 시간에 그냥 심사관 바꿔주시오."

"그건 어렵습니다."

"옆에 없소?"

"시간 나는 대로 전화드릴 겁니다."

"그게 언제요?"

"저도 모르죠."

"정말 어이가 없군."

— 영화 〈나, 다니엘 블레이크〉 중에서, 질병수당 담당 공무원과의 통화내용

질병수당 지급 자격 담당 공무원과 인터뷰를 한 결과 주인공은 취업을 해야만 하는 등급을 받았습니다. 그로 인해 질병수당을 받을 수 없게 되었습니다. 주인공은 영문을 몰라 질병수당 담당 공무원과 통화하려고 시도하지만 연결이 되지 않습니다. 겨우 통화가 되어 문의를 하니 담당 공무원은 또 매뉴얼대로만 응대를 합니다. 주인공은 질병수당이 중요한데 담당 공무원은 지난번 인터뷰에서 받은 심사점수와 재심사가 중요하다고만 합니다.

누군가가 만든 매뉴얼 때문에 정작 해당되는 사람들은 생계를 이어가지 못하는 상황이 벌어집니다. 누군가가 만든 점수 때문에 사람이 죽어가고 있습니다. 누군가에겐 이론과 매뉴얼과 절차와 점수가 중요할지 모르지만 그것들이 정말 당사자의 삶을 책임질 정도로 완벽할 수 있을까요? 누군가에겐 그것이 일이지만 누군가에겐 그것이 삶일 수 있습니다. 사람이 아닌 데이터와 시스템만이 남는 사회가 추구하는 것은 무엇일까요?

다니엘이 마지막으로 남긴 유서가 마음에 남습니다.

"나는 인간입니다, 개가 아니라. 나, 다니엘 블레이크는 한 사람의 시민이지 그 이상도, 이하도 아닙니다."

사람의 가치 변화

사람은 존재 그 자체로 의미가 있고 살아서 존재하는 것만으로도
어마어마한 역할을 하고 있는 것입니다. 특별히 무언가가 되지 못해도
이미 누군가의 자식이고 형제이고 친구이고 부모입니다.
그것만으로도 충분한 가치가 있는 존재입니다.

영화 〈다운사이징〉에는 미래를 배경으로 사람을 축소할 수
있는 기술이 발달하면서 소인국을 만들어 사람을 축소시켜주고
관리해주는 회사가 나옵니다. 소인국에서는 적은 비용으로 생활
이 가능하기 때문에 사람들은 남은 재산을 모두 투자합니다.

소인국 사람들은 자신들의 재산을 회사에 모두 맡기고 소인
국의 경제규모에 맞게 생활하기 때문에 여유 있는 생활을 할 수
있습니다. 그런데 왜 현실세계에서는 이런 일이 일어나지 않을
까요? 아마 현실세계에도 자신들의 재산을 모두 맡기고 여유 있
는 생활을 할 수 있는 경제 시스템이 있다면 그렇게 할 사람들이

많이 있을 것입니다. 모두가 모아서 공동체를 위해 공평하게 분배한다면 영화와 같은 세상이 오지 말란 법도 없을 것입니다. 그런 회사가 아닌 그런 공동체가 있어도 가능할 것입니다. 경제규모를 늘리는 것이 아니라 경제규모를 줄이는 것입니다. 그러자면 공정한 분배가 전제되어야 할 것입니다.

경제규모가 작아졌다고 권리도 작아져야 할까요? 세금이 줄었다고 투표권도 줄어야 할까요? 사람이 작아진다고 그들의 권리도 작아질까요? 세금을 많이 낸 사람이 권리를 많이 갖는 게 공평한 것인가요, 아님 사람이라면 누구나 같은 권리를 갖는 게 공평한 것인가요? 또는 세금을 많이 낸 사람이 권리를 많이 갖는 게 경제에 도움이 되는 것인가요, 아님 사람이라면 누구나 같은 권리를 갖는 게 경제에 도움이 되는 것인가요?

자본주의 경제에서는 어느 정도 부의 권리가 인정되는 분위기입니다. 하지만 그 부가 누구의 노력과 일로 얻어진 것인지 물어야 할 것입니다. 한 사람의 노력으로 그 부를 축적할 수 있다면 인정하겠습니다. 하지만 아무리 좋은 아이디어가 있더라도 누군가의 일과 노력이 없이는 부를 축적하는 것이 불가능합니다. 기본적으로 경제는 다양한 사람들이 공동체를 이루고 살아가는 것을 전제로 합니다. 그들이 함께 부를 나눠 가질 수 있어야 경제는 순환하고 움직입니다.

"이사할 것까진 없잖아."

"여기 있으면 어리광 부릴 것 같아서. 나도 이제 슬슬 내 다리로 걷고 싶어. 하지만 이 마을 꽤 마음에 들어서 떠나는 게 아깝다는 생각도 들어."

"나도 좋아, 이 마을."

"어떤 점이?"

"이곳에 오면 생각해, 나 자신이 가치를 만드는 사람이 되는구나, 라고. 어느 헌책방에 이런 말이 쓰여 있어. '가치 있는 것을 사는 것이 아니라 자신이 가치를 만드는 사람은 강하다.' 나도 그렇게 되고 싶거든."

"자신이 가치를 만드는 사람…."

"아직 길은 멀지만 말이야."

"뭔가 좋다."

– 영화 〈모리사키 서점의 나날〉 중에서

돈으로 사람의 가치를 평가하는 것은 이제 바뀌어야 합니다. 결국 내가 아닌 남이 만든 기준으로 나를 평가하는 것입니다. 그 기준에 맞추려고 아무리 노력해도 나보다 그 기준을 더 넘어서는 사람이 있으면 나의 노력은 인정받지 못합니다.

자신의 가치는 자신이 만들 수 있어야 합니다. 그런 기회를 사회는 제공해줘야 합니다. 돈을 낼 수 있느냐 없느냐, 얼마나 벌 수 있느냐로만 그 사람의 가치를 한정 지어서는 자신의 가치를 만들 수 없습니다. 각자가 지닌 가치를 드러내는 일을 할 수 있도록 사회가 기회를 주어야 합니다. 기회도 주지 않고 사회의 기준으로만 사람을 평가하면 사람의 가치는 획일화될 수밖에 없습니다. 그런 사회에서는 획일화된 기준에 부합하지 않는 문제를 갖고 있으면 비록 작은 문제라 해도 가치 없는 사람으로 평가되어 자신의 가치를 증명할 방법이 없습니다.

"우리는 이 세상을 보기 위해서 세상을 듣기 위해서 태어났어. 그러므로 특별한 무언가가 되지 못해도 우리는, 우리 각자는 살아갈 의미가 있는 존재야."

– 영화 〈앙 단팥 인생이야기〉 중에서

사람은 존재 그 자체로 의미가 있고 살아서 존재하는 것만으로도 어마어마한 역할을 하고 있는 것입니다. 특별히 무언가가 되지 못해도 이미 누군가의 자식이고 형제이고 친구이고 부모입니다. 그것만으로도 충분한 가치가 있는 존재입니다. 돈으로 그 가치를 매길 수 없습니다. 그것을 깨달아야 합니다. 세상의 많은 것들이 아무리 변해도 사람의 가치는 변하지 않습니다.

우리는 알게 모르게 늘 일하는 자들만이 국가의 혜택을 받을 자격이 있다고 생각합니다. 그것이 우리가 만들어놓은 사회적 공감대일 수도 있습니다. 하지만 탈산업사회에서 일하는 자들만이 그럴 자격이 있다고 말하는 건, 더는 '윤리'가 아니라 의도하지 않은 '편견'이거나 악의적 '이데올로기'일 수도 있습니다. 저는 소비능력이 있는 자의 일하지 않음을 비난하는 사람들을 거의 보지 못했습니다. 하지만 그 사람들의 속내를 알지도 못하면서 소비능력이 없는 자의 일하지 않음은 도덕적 비난의 대상이 됩니다.

– 《열심히 일하지 않아도 괜찮아》, 48쪽

남이 하기 싫은 일을 하고 돈을 많이 벌지 못하는 사람은 비싸고 맛있는 것을 먹을 자격이 없는 것일까요? 나이를 먹어서, 또는 장애를 입어서 일을 하지 못하면 맛있는 것을 먹으면 안 되는 것일까요? 일을 하는 것만으로도 그것이 삶의 목적이 될 수 있어야 합니다. 또한 일을 하지 못하게 되더라도 살아갈 이유가 충분히 있음을 알아야 합니다.

거래가 아닌 선물

상대의 불완전성을 아는 것이 중요합니다.
상대가 원한다고 해서 무조건 주는 것이 아닙니다.
관계 속에서 충분히 상의해서
상대가 불완전하다고 생각하는 것을 채워주는 것입니다.

경제인류학자인 조지 돌턴도 이렇게 단언한다. "화폐 없는 교
환이라는 엄밀한 의미의 물물교환이, 우리가 확실히 아는 과
거나 현재의 경제 시스템에서 양적으로 우세하거나 중요한 모
델 혹은 거래였던 적이 한 번도 없다."

– 《신성한 경제학의 시대》, 29쪽

경제의 시작은 교환이나 거래가 아닙니다. 《신성한 경제학의
시대》에서 저자는 경제인류학자인 조지 돌턴의 말을 인용하면
서 경제 역사상 물물교환이 우세한 경제 시스템인 적이 한 번도

없다고 강조합니다. 이로 보아 경제는 단순히 물건만을 거래하는 것이 아니라 서로가 가진 물건이 불평등하다는 것을 전제로 한 선물이라는 점을 알 수 있습니다. 서로에게 선물이어야 가진 물건이 없어도 경제활동에 참여할 수 있고 사람답게 살 수 있습니다. 그래야 세대 간에 순환도 이루어집니다. 그래야 나이가 들어 기력이 떨어져서 물물교환을 할 수 없게 된다 해도 젊은 사람에게 선물을 받는 것이 부담스럽지 않습니다. 누구든 자신이 줄 수 있는 선물을 주면 됩니다. 경제가 '거래'가 되는 순간 순환은 멈추고 사람다움보다 물건이나 돈의 가치가 우선시됩니다.

거래와 선물은 다릅니다. 거래는 그 사람이 아니어도 되지만 선물은 그 사람이어야 합니다. 예를 들면 사과를 가진 사람이 배를 먹고 싶을 때 거래를 하려고 하면 배를 가진 아무하고나 바꿔 먹으면 됩니다. 하지만 특정한 누군가를 위해 사과를 딴 사람은 그 사람에게 사과를 줘야 합니다. 목적성이 다릅니다.

거래를 하려는 사람은 특정한 사람이 아니어도 되기 때문에 가장 싸고 좋은 사과를 가진 사람과 거래하기를 원합니다. 사람은 사라지고 가성비만 남습니다. 내가 가진 사과보다 못한 사과를 가지고 있거나 내가 원하는 사과가 아닌 사과를 가지고 있으면 거래할 수 없습니다.

거래는 공평해야 하지만 선물은 그렇지 않습니다. 그래서 거래는 거래할 것을 가진 사람과만 할 수 있지만 선물은 누구에게나 할 수 있습니다. 거래를 할 때는 거래할 것을 가진 사람만 받을 수 있지만 선물은 거래할 것이 없는 사람도 받을 수 있습니다. 그렇기 때문에 거래의 경우 주는 사람이 누군가에게 사과를 주려 할 때는 상대에게 그에 대한 대가를 바라게 됩니다. 적어도 고맙다는 말이라도 말입니다. 그런데 아무 대가도 돌아오지 않으면 더는 사과를 주려고 하지 않습니다. 상대에게 사과를 주는 행위보다 적절한 거래에만 신경을 씁니다. 하지만 선물을 하려는 사람은 물건보다 그 사람을 더 중요하게 여깁니다. 아무런 대가를 바라지 않기 때문에 상대방이 받아만 주어도 만족합니다.

"내 인생에 날 도와준 사람이 하나도 없었을 거라고 생각지 마요. 많았어요, 도와준 사람들. 반찬도 갖다 주고 쌀도 갖다 주고…. 한 번, 두 번, 세 번, 네 번. 네 번까지 하고 나면 다 도망가요. 나아질 기미가 없는 인생이라고 경멸하면서. 흠… 지들이 진짜 착한 인간들인 줄 알았나 보지?"

— 드라마 〈나의 아저씨〉 7화 중에서, 이지안의 대사

사람들은 누군가를 도우면서 아무런 대가를 바라지 않는다고 생각하지만 실제로는 그렇지 않습니다. 상대가 자신의 도움

으로 힘을 얻거나 새로운 변화가 생기기를 바랍니다. 만약 그런 기대가 무너지면 변하지 않았다고 도움 받은 사람을 경멸하면서 주는 것을 멈춥니다. 이것은 등가의 것이 오고 가기를 바라는 거래입니다, 자신이 주는 것에 대한 보상을 바라는 것입니다. 그러면 호혜는 불가능합니다. 자신이 주는 것에 대한 보상이 없더라도 받는 사람에게 도움이 된다면 그것으로 선물의 의미는 충분한 것입니다. 받는 사람의 불완전성이 조금이라도 채워지면 그것으로 호혜는 충분히 이뤄진 것입니다. 그래서 상대의 불완전성을 아는 것이 중요합니다. 상대가 원한다고 해서 무조건 주는 것이 아닙니다. 관계 속에서 충분히 상의해서 상대가 불완전하다고 생각하는 것을 채워주는 것입니다. 이미 받는 사람은 주는 사람과 신뢰할 수 있는 관계가 형성된 것입니다. 거기서 뭔가 변화나 자신이 원하는 것을 하기를 바라는 것은 거래가 됩니다.

상대에게 주는 것에 대한 대가를 바라지 않고 서로 관계를 맺는 것이 목적인 선물을 주는 것일 때 상대도 아무런 부담 없이 받을 수 있습니다. 그래야만 받은 사람도 부담 없이 자신이 줄 수 있는 것을 줄 수 있습니다. 그것이 호혜입니다.

돈을 매개로 한 거래가 아무 의무감도 남기지 않는 닫힌 거래라면, 선물의 거래는 참여자들 간의 지속적인 유대관계를 만들어내는 열린 거래이다.

— 《신성한 경제학의 시대》, 27쪽

거래의 목적은 물건이지만 선물의 목적은 사람입니다. 거래는 물건의 효능이 눈으로 드러나야 하지만 선물은 그 사람과의 관계가 유지되는 것만으로도 충분합니다.

물건만을 주고받는 거래는 시혜가 됩니다. 이때 물건이 있는 사람과 물건이 없는 사람 사이의 거래는 주는 사람은 주는 사람으로 끝나고 받는 사람은 받는 사람으로 끝납니다. 그 사이에 관계는 이루어지지 않습니다. 주는 사람은 계속 주어야 하고 받는 사람은 계속 받아야만 합니다. 받는 사람이 줄 수는 없습니다. 관계가 없는 거래는 오래 지속하기 어렵습니다. 물론 거래 없는 관계도 오래 지속하기 힘듭니다. 그래서 공동체의 힘이 필요합니다. 혼자서는 할 수 없지만 여럿이 하면 가능합니다. 이 부분은 4장에서 자세히 설명하겠습니다.

보이지 않는 사람

나 자신과의 관계에서 다양한 관계들로 확장되고 그 안에서
나의 정체성이 확립됩니다. 거래를 통한 이익보다
선물을 통한 관계를 만들어가는 것이 나를 세워가는 과정이 될 것입니다.
관계를 통해 보이던 사람들이 소비를 위한 물질에 가려 보이지 않고 있습니다.

"너에게 있어서 산다는 건 어떤 거야?"
"누군가와 마음을 주고받는 것이려나. 누군가를 받아들이고
좋아하게 되고 싫어하게 되고 누군가와 함께하면서 손을 잡고
안아주고 엇갈리고, 그게 산다는 거야. 자기 혼자선 살아있는
지 알 수 없어. 그래, 좋은데 싫어. 즐거운데 뭔가 찜찜해. 그런
답답함이, 사람들과의 관계가, 내가 살아있음을 증명해주는
거라 생각해. 그러니까 이렇게 너랑 있을 수 있어서 다행이야.
네가 나에게 준 일상들이 나에겐 더 없이 소중한 보물이야."

– 영화 〈너의 췌장을 먹고 싶어〉 중에서

현대를 살아가는 우리는 참으로 많은 관계에 둘러싸여 있습니다. 심지어 알지 못하는 사람과도 온라인상에서 사이버 관계를 맺고 있습니다. 하지만 정작 자기 자신과의 관계는 살펴보거나 돌아볼 시간이 많지 않아 보입니다. 어릴 때를 생각해보면 자기 전에 하루를 돌아보는 시간을 가지라고 배우기도 했고 그렇게 하면서 나를 돌아보기도 했습니다. 그런데 어느 순간부터 남들과의 관계만 생각했지 나 자신과의 관계를 생각할 시간은 없었습니다.

심지어 나를 둘러싼 기본적인 관계에 대해서도 생각해볼 기회를 갖기가 쉽지 않습니다. 먹고 입고 자는, 기본적인 것과의 관계에 대해서도 말입니다.

먼저 먹는 것과의 관계에 대해 살펴보겠습니다. 내가 매일 먹고 있는 음식들과 나는 관계가 얼마나 있습니까? 과거 우리 조상들은 직접 키운 것을 먹거나 관계를 맺고 있는 사람이 키운 것을 먹었습니다. 특히 가축들은 애지중지하며 키우다 먹었습니다. 그래서 함부로 죽이지 않았습니다. 특별한 일이 있을 경우에만 죽여서 먹었습니다. 그러나 지금은 나와 아무 관계가 없는 것들을 소비를 통해서 구해다 먹습니다. 거래만 있을 뿐 선물이라는 개념은 빠져 있습니다. 돈만 있으면 계절과 상관없이 아무 때나 마음껏 먹을 수 있습니다. 그것이 어디서 자라고 어디서

온 것인지 알려고 하지 않습니다. 단지 얼마이고 어떤 맛인지에만 관심이 있습니다. 그 안에 어떤 사람들이 관여되어 있는지는 관심이 없습니다.

입는 것은 어떻습니까? 내가 직접 키우고 만들어 입을 때는 함부로 입지 않았습니다. 아끼고 잘 보관하고 물려 입곤 했습니다. 하지만 지금은 돈만 있으면 싼값에 얼마든지 사서 입을 수 있습니다. 당장 필요하지 않아도 싸기 때문에 사놓는 경우도 많습니다. 그런데 막상 사놓고도 입지 않는 옷들이 넘칩니다. 심지어 무슨 옷을 샀는지조차 기억하지 못하고 또 사기도 합니다. 아껴 입거나 물려 입는 것을 그다지 원치 않습니다. 단지 유행에 뒤떨어지지 않는지에만 신경을 씁니다. 자기 자신과의 관계보다는 남과의 관계 속에서 눈치만 볼 뿐입니다. 역시 그 안에 사람은 보이지 않습니다.

사는 집은 어떻습니까? 집이라는 공간을 통해 나와 가족이 어떻게 살고 이웃들과 어떻게 관계를 맺을까를 생각하기보다 집값이 어떻고 시설이 어떻고 학군이 어떤지만 생각합니다. 살아가는 터로서의 집 자체보다 다른 조건들에 더 관심이 많습니다. 자연스럽게 돈에 맞춰 집을 옮겨 다닙니다. 터라는 개념이 없습니다. 터를 기반으로 삶을 살고 관계를 맺어야 하는데 그런 것들이 다 사라지고 있습니다. 집을 둘러싼 사람들은 보이지 않습니다.

관계의 기본은 나입니다. 나 자신과의 관계에서 다양한 관계들로 확장되고 그 안에서 나의 정체성이 확립됩니다. 거래를 통한 이익보다 선물을 통한 관계를 만들어가는 것이 나를 세워가는 과정이 될 것입니다. 관계를 통해 보이던 사람들이 소비를 위한 물질에 가려 보이지 않고 있습니다.

한동안 성동구청과 연계해 주주살피미 교육을 동별로 다녔습니다. 주주살피미란 주민이 주민을 살피는 사람이란 뜻으로, 봉사를 하는 사람과 봉사를 받는 사람을 주는 사람과 받는 사람으로 보는 것이 아니라 주민과 주민으로 동등하게 보고 사각지대에 있는 주민을 살피는 사업입니다. 복지 사각지대에 계신 분들 중에 좋지 않은 사고를 겪는 분들이 많아서 여러 지자체에서 진행하고 있는 사업입니다.

그런데 이 사업에서도 소외되는 사람들이 있습니다. 보통은 복지 사각지대라고 하면 혼자 사는 노인들을 많이 떠올리는데 최근에 와서는 일을 하지 않는 사람이나 돈을 벌지 못하는 사람들 대부분이 복지 사각지대에 있다고 봐야 합니다. 경제지표에는 보이지 않지만 분명 살아있고 마을에 존재하는 사람들입니다. 특히 50대에 이미 실직을 하고 혼자 사는 분들 같은 경우에는 더욱더 보이지 않습니다. 지방에서 올라온 청년 실업자나 청년 비정규직 같은 경우도 마찬가지입니다.

어떤 부서에서도 파악되지 않는 사람들이 늘고 있습니다. 분명 약간의 소비생활도 하고 있고 약간의 생산활동도 하고 있는데 말입니다. 이들이 20년, 30년 뒤가 되면 노인이 될 터인데 말입니다.

저마다 개인의 문제를 해결하기 위해 더 많은 돈을 벌려다 보니 이웃과의 관계에 소홀해져 관계를 통한 나눔은 사라지고 관계가 없는 소비만 남게 되었습니다. 그러니 보이지 않는 사람은 더 늘었습니다. 과거에는 이들과의 관계를 통해 해결하던 문제들을 이제는 돈을 주는 소비를 통해서야 해결할 수 있습니다. 점점 보이지 않는 사람들은 늘어가고만 있습니다.

사람을 위한 경제

경제가 돌아가기 위해 사람이 필요한 것이 아니라 사람이 살아가기 위해
경제가 필요한 것입니다. 돈이 없이 사람이 살 수는 있어도
사람이 없이 돈이 존재하지는 못하기 때문입니다.
무인도에서 몇 조가 있다 한들 무슨 의미가 있겠습니까?

2018년 지진으로 수능시험을 하루 연기한 적이 있습니다. 효율성만 보면 예정된 날짜에 수능시험을 보는 것이 맞습니다. 수능시험을 보지 않으면 추후 발생할 비용이 당일 수능시험을 볼 때보다 훨씬 높기 때문입니다. 지진으로 피해를 볼 가능성이 있는 지역은 포항으로 한정되어 있고 그 지역의 수험생은 전체 수험생의 극히 일부입니다. 효율성을 위해서는 소수의 피해는 어쩔 수 없는 것이라고 몰아가면 됩니다.

하지만 사람의 생명을 존중하고 사람의 가치를 생각한다면 피해자가 한 명이라도 나오는 것을 용납할 수 없습니다. 수능시

험을 연기하는 데 따르는 비용보다 한 사람의 생명을 더 귀하게 여기는 것입니다.

영화 〈터널〉을 보면 주인공이 운전하던 중에 터널이 무너져 갇히게 되면서 구조를 기다리는 동안 밖에서는 수많은 사람들이 구조활동을 합니다. 하지만 터널을 뚫고 들어가 구조하는 데 시간이 많이 걸리고 중간에 여러 일들이 벌어지면서 구조기간이 길어집니다. 그러는 동안 근처에서 하던 공사를 멈춘 기간이 길어지면서 공사비에 대한 문제가 부각됩니다. 그 지역에서는 꽤 중요하기도 하고 비용도 많이 들어가는 공사였습니다.

이때 사람들은 둘로 나뉩니다. 구조활동을 더 하자는 쪽과 구조활동을 그만하자는 쪽으로요. 그 기준이 무엇이냐 하면 효율성이었습니다. 한 사람을 위해 너무 많은 비용이 지출되고 있는데 구조할 확률이 그리 높지 않다는 것입니다. 사람보다 돈을 우선하는 생각들이 점점 커져가면서 구조활동을 그만하자는 쪽이 우세해집니다. 우여곡절 끝에 주인공은 살아서 나오지만 구조과정에서의 불편함은 영화가 끝난 뒤에도 오래 여운이 남았습니다.

"장사를 못 하면 사람도 없지 않겠나."
"사람이 있기 때문에 장사를 할 수 있는 겁니다."

– 드라마 〈이태원 클라쓰〉 8화 중에서

경제는 돈이 중심이 아니라 사람이 중심입니다. 경제가 돌아가기 위해 사람이 필요한 것이 아니라 사람이 살아가기 위해 경제가 필요한 것입니다. 돈 없이 사람이 살 수는 있어도 사람 없이 돈이 존재하지는 못하기 때문입니다. 무인도에서 몇 조가 있다 한들 무슨 의미가 있겠습니까?

"나 초등학교 3학년 때 할아버지가 돌아가셨는데 책가방 끌어안고 학교 가야 된다고 엉엉 울었대. 시험 보는 날이었거든. 그때는 학교 안 가고 시험 못 보면 세상 끝나는 줄 알았다니까. 할아버지 돌아가신 것보다 학교 못가고 시험 못 봤다는 게 세상 끝난 것 같더라고. 그렇게 순진했어, 내가."
"멍청한 거지, 그게."
"너 할아버지 돌아가셨다고 학교 안 가서 신났었지?"
"5일장 해야 된다고 아버지한테 우기다 맞은 인간이야."

– 드라마 〈나의 아저씨〉 16화 중에서

어릴 때 시험이 있으면 친척들 경조사에 무조건 빠지곤 했던 기억이 납니다. 멀어서 가기도 힘들고 가도 아는 사람도 없고 심심하기만 했으니까요. 그래서 학교에서 시험을 본다거나 중요한 숙제가 있다며 핑계를 댔습니다. 신기한 것은 성적을 핑계로 대면 아무도 뭐라 하지 않고 오히려 공부 열심히 한다며 칭찬을 해 준다는 것이었습니다. 무엇보다도 성적을 가장 중요하게 여긴 것입니다. 그래야 공부 잘하고 성공할 것이라 생각한 것 같습니다. 그런데 돌아보면 그때 친척들 만나러 다니지 않아서 친척들과의 관계는 멀어졌고 지금은 만날 일도 없습니다. 성적은 남았을지 모르지만 관계는 사라졌습니다.

수능 연기는 사람을 중시하는 철학과, 소수의 의견도 존중하는 의사결정 방식을 바탕으로 하고 있습니다. 만약 돈이나 효율성이 우선이었다면 할 수 없는 결정이었습니다. 얼마 전 강원도에서 큰 산불이 났을 때에도 정부는 신속하게 전국의 소방차를 화재현장으로 집결할 것을 결정하고 실행에 옮겼습니다. 그 덕분에 많은 사람들이 목숨을 건질 수 있었습니다. 뉴스에서 본, 소방차들이 경적을 울리며 도로를 달리는 모습은 그야말로 감동이었습니다.

시스템보다 사람

"무엇을 도와드릴까요?"

"방금 집주인한테 쫓겨나서요. 이사 가려면 통장의 돈 전부 인
출해야 돼요. 계좌는 닫아야 할 것 같네요. 길바닥에 나앉겠죠.
'마크 벨리슨'이구요."

"죄송합니다만 현재 시스템이 다운돼서요. 복구될 때까진 계
좌를 못 닫아드립니다만. 인출은 가능합니다. 얼마를 찾으시
겠습니까?"

"통장 잔액 전부요."

"시스템이 다운돼서요. 계좌의 잔액을 말씀해주시겠습니까?"

"800달러요."

"네?"

"제 통장엔 800달러가 있어요."

'시스템 복구되는 소리'

"방금 복구됐네요. 확인해보겠습니다. 800달러 인출하신댔죠? 잠시만요. 300달러밖에 없는 걸로 나오는데요. 800달러 인출 하신댔죠?"

"네."

"정중히 사과드립니다. 시스템 복원과정에서 실수가 있었나 보네요. 800달러 드리겠습니다."

- 영화 〈거짓말의 발명〉 중에서

영화 〈거짓말의 발명〉은 거짓말이 없는 가상의 나라를 그린 영화입니다. 주인공은 일자리도 잃고 집세도 낼 수 없는 상황이 되면서 은행에 찾아가 마지막 남은 돈을 찾으려고 합니다. 통장 엔 300달러밖에 없는데 자기도 모르게 800달러를 달라고 거짓 말을 합니다. 이 나라에서 최초로 한 거짓말입니다.

이때 여러분이 은행원이라면 컴퓨터를 믿으시겠습니까, 아 니면 고객을 믿으시겠습니까? 대부분 컴퓨터를 믿겠다고 하실 겁니다. 하지만 거짓말이 없는 나라에서는 고객을 믿을 수도 있습니다. 영화에서는 은행원이 아무 의심도 없이 800달러를 내 줍니다.

그런데 우리도 과거 30년 전에 컴퓨터가 없을 때에는 은행 거래를 어떻게 했습니까? 아무런 의심 없이 은행원과 고객을 믿 고 통장에 수기로 기록하며 거래를 했습니다. 심지어 틀리면 빨 간 줄 두 줄 긋고 막도장을 찍었습니다.

어머니가 돌아가시기 몇 년 전에 같이 은행에 간 적이 있습 니다. 어머니는 은행에 들어가서서 누군가를 부르셨습니다. 잠시 후에 그 은행의 과장님이 나오셨습니다. 나와서는 어머니가 불 러주시는 대로 출금의뢰서에 숫자와 글자를 쓰셨습니다. 그러더 니 돈을 세고 어머니께 드렸습니다. 돈을 받고 나오면서 어머니 께 왜 그러셨냐고 여쭤보니 어머니 자신은 글자를 몰라서 20년 째 그분께 도움을 받고 있다고 했습니다. 제게는 창피해서 말을 못 하셨지만 어머니는 그때까지 문맹이었습니다. 세상이 바뀌었 지만 여전히 어머니와 그 은행원은 서로를 믿고 은행거래를 하 고 있었습니다.

기계가 발달하고 시스템이 정교해지면서 우리도 모르게 사 람보다는 기계나 시스템을 믿는 사회로 발전한 것은 아닐까요? 그래서 사람이 기계나 시스템보다 못한 자원으로 전락한 것은 아닐까요? 점점 더 사람보다는 기계와 시스템에 의존하는 경향이 있습니다.

"덴마크 회사에서 일하는 건 어떤가요? 한국 회사랑 많이 다른가요?"

"네, 엄청 많이 다르죠. 한국이랑 제일 큰 차이점은, 한국은 제가 출근할 때와 퇴근할 때 시간을 찍어서 제가 회사에 있었던 시간을 찍잖아요. 여기는 양심적으로 오늘 제가 일한 시간을 정확히 입력해야 해요. 제가 10시간을 회사에 있었어도 커피를 30분 마시고 점심을 밖에 나가서 한 시간씩 즐기고 이런 시간을 다 빼고 순수하게 일한 시간을 적어넣어야 해요. 그리고 그거는 양심적으로 서로 지키는 선이 있고요."

"그걸 누가 팩트 체크 하거나 하지 않나요?"

"검증하시는 분들이 굳이 와서 '너 왜 이거 거짓말하냐.'라고 물어보는 사례는 사실상 생기지 않아요."

"어디 CCTV가 달려 있지는 않나요?"

"그렇지는 않죠."

"Trust, 신뢰. 어떻게 그런 시스템을 만들 수가 있지? 아니 이렇게까지 한 사람을 믿어도 되나? 저라면 항상 꽉 채워서 시간을 낼 것 같거든요."

(중략)

"처음 입사했을 때 매일 야근하구요. 정말 한국 사람처럼 일했어요. 최선을 다해서 주말에 시키지 않아도 나와서 일하고. 어느 날 인사부에서 잠깐 들르라고 해서 갔는데 경고를 받고 그다음 일주일 동안 출근을 못했어요."

"혼났어요?"

"예, 왜냐하면 '너는 왜 너무 많이 일하냐? 그러면 네 삶이 무너지고 네가 균형을 잃고 오래 일을 못 한다'고 하면서 일주일 강제 휴가를 받았어요."

- tvN 〈행복난민〉 1회, 2017년 10월 8일

덴마크는 우리 사회와는 구조와 시스템이 많이 다릅니다. 그걸 감안하고 봐도 이해되지 않는 것들이 있습니다. 덴마크는 신뢰라고 하는 사회적가치를 버리지 않고 사람을 신뢰하지 CCTV나 보안 시스템을 신뢰하지 않습니다. 그러니 시스템을 많이 달지 않아도 됩니다. 그래서 그것을 달기 위해 돈을 더 벌 필요가 없으니 그만큼 일을 더 많이 하지 않아도 됩니다.

하지만 한국은 신뢰라는 사회적가치를 버리고, 사람을 신뢰하기보다 CCTV나 보안 시스템을 더 신뢰합니다. 그래서 그 시스템을 달기 위해 비용을 들여야 하고, 그 돈을 더 벌기 위해 일을 더 많이 해야 합니다.

덴마크가 시스템보다 사람을 더 귀하게 여기는 이유는 그 사람이 무너지면 그 사람과 관계된 가족과 지역사회도 무너진다고 보기 때문입니다. 그래서 한 사람이라도 무너지지 않도록 지켜주려는 것입니다. 반면 한국은 한 사람이 무너지더라도 조직이나 국가에 도움이 된다면 얼마든지 그렇게 해도 된다고 생각합니다. 과연 어느 나라가 더 지속가능한 사회를 지향하는 것일까요?

사람을 신뢰하고 그를 무너지지 않게 유지시켜주려고 노력하는 사회에서 사는 사람은 그 사회를 위해서 노력하지 않을 수 없을 것입니다. 일을 적게 하는 것이 중요한 것이 아니라 일을 적게 하도록 하는 이유가 더 중요합니다.

시스템의 주체는 사람

이제는 사람을 믿기보다는 견고한 시스템을 믿고 물건을 삽니다.
관계는 점점 더 불필요해지고 더 촘촘한 시스템에 의존합니다.
이에 따라 시스템에 사람을 맞추고,
시스템에 능숙한 사람만이 대접을 받습니다.

"아키히로, 뭐 하고 있니?"

"내일부터 기말시험이라서요."

"벼락치기는 도움 안 된다. 얼른 가서 자."

"그래도… 나 영어는 전혀 모르겠어요."

"영어라… 음… 그럼, '나는 일본인입니다.'라고 답안지에
쓰렴."

"일본에만 있으면 영어 때문에 불편하진 않으니까."

"그래. 그래."

"그건 그렇다 쳐도, 한자는… "

"한자도 공부하기 힘드니? 그럼 이렇게 쓰면 되겠네. '저는 가
타카나와 히라가나로 살아가겠습니다.'라고."

"그렇구나. 역사도 싫은데…"

"역사도 싫어? 그럼 이렇게 써. '과거에 연연하지 않습니다.'
라고."

"그거 좋네요."

"너무 공부 열심히 하는 것도 안 좋은 습관이라고. (불을 끄며)
전기세 아까우니까 얼른 자라."

— 영화 〈사가현의 대단한 할머니〉 중에서

명절에 친척이 모이면 어떤 질문들을 하십니까? 학생에게는
공부는 잘하는지, 대학은 어디 갈지에 대해 물어봅니다. 대학을
다닌다면 취업은 어디로 할지를 물어봅니다. 취업을 했다면 결
혼은 언제 할지를 물어봅니다. 결혼을 하면 아이는 언제 낳을지
를 물어봅니다.

그럼 노인에게는 무슨 질문을 합니까? 우리는 사람보다 시
스템을 더 중요하게 여깁니다. 그래서 시스템에 사람을 맞추려
고 합니다. 그 시스템이 정해 놓은 기준에 얼마나 도달했는지를
물어봅니다. 정작 그 사람에 대해서는 궁금한 게 없습니다. 그
래서 어느 시스템에도 속하지 않은 노인에게는 질문을 하지 않

습니다.

사람을 존중한다는 것은 시스템에 사람을 맞추는 것이 아니라 그 사람 자체를 시스템으로 인정하는 것입니다. 스스로 기준을 정할 수 있어야 하고 그 기준에 도달하기 위해 노력하면 됩니다. 설령 그 기준에 도달하지 못하더라도 자신에게 맞게 기준을 낮추든가 노력한 만큼만 인정하면 됩니다.

지난 2015년에 둘러본 네덜란드의 고령자 주택과 시설들은 일본과 달리 이용자의 희망을 최우선시했다. 직원은 그것을 지원하고 보조하는 역할을 할 뿐이다.

예를 들어 고양이를 무조건 네 마리 키우고 싶다는 이용자가 있다면 어떻게 할까? 일본이라면 타인에게 민폐라고 하거나 위생상의 문제를 들어 처음부터 'No'라고 하겠지만 네덜란드에서는 그 사람이 왜 고양이를 키우고 싶어 하는지 충분한 시간을 가지고 이야기를 듣는다. 그리고 정말로 네 마리가 필요한지, 한 마리로는 부족한지 본인이 납득할 때까지 서로 이야기를 나눈다. 이런 과정을 거치면서 이용자가 본심을 이야기할 수 있도록 유도한다.

아침부터 술을 마시고 싶다는 이용자도 있다고 한다. 일본에서는 규정 때문에 'No'라고 한마디로 일축하지만 네덜란드에서는 'Yes'다. 술로 생명이 단축된다고 해도 이용자의 행복이 우선이다. 그래서 네덜란드의 시설에는 규칙이 없다. 일본은 뭐든지 '규칙, 규칙, 규칙'이다. 모든 일은 관리하는 쪽이 편리하게 정하고 이용자는 값비싼 이용료를 지불하면서도 눈치를 보며 지낼 수밖에 없다.

– 《장수지옥》, 137~138쪽

사람을 볼 때 그가 속한 시스템만 보려 하지 말고 그 사람 자체를 보려고 노력해야 합니다. 그러려면 그가 지닌 감정과 욕구에 관심을 가져야 합니다. 타인에게 감정과 욕구에 대한 질문을 할 수 있으려면 자신이 스스로에게 먼저 질문을 할 수 있어야 합니다.

어렸을 때 동네에는 작은 가게들이 많았습니다. 구멍가게를 비롯해 이발소, 철물점, 야채가게, 생선가게, 정미소, 목욕탕, 음식점 등 다양한 가게가 있었습니다. 그리고 그 가게에는 친구 아버지들이나 동네 아저씨 아줌마들이 사장님으로 앉아 계셨습니다. 누가 뭐라 하지 않아도 자연스럽게 이 가게들로 가서 물건도 사고 할 일도 했습니다. 심지어 엄마 이름 대고 외상으로 물건을 사기도 했습니다. 외상으로 책을 샀던 서점은 지금도 영업을 하고 있습니다.

특이한 건 물건을 살 때 지금처럼 메뉴판이 있거나 계산대가 있지 않았습니다. 외상을 할 때도 그냥 주인아저씨의 기억에 의존하거나 작은 장부 하나가 전부였습니다. 물건 값을 여쭤보면 아저씨가 알려주는 게 전부였습니다. 심지어 간판도 변변하게 없는 가게도 많았습니다. 주인을 믿고 샀지 어떤 시스템이 있는 게 아니었습니다.

이때는 관계를 기반으로 물건을 사고 파는 시대였습니다. 그래서 아는 사람이 있는 곳에 가서 물건을 사고, 아는 사람에게 물건을 팔았습니다. 당연히 거래의 규모가 그리 크지 않았습니다. 그런데도 먹고사는 데 그리 문제가 되지 않았습니다. 왜냐하면 1970년대는 먹고사는 게 일하는 목적이었기 때문에 먹고살 정도만 일하면 충분했기 때문입니다.

심지어 관계를 기반으로 하다 보니 밤에는 파출소 역할까지 했습니다. 그러니 새로운 가게가 생기거나 모르는 사람이 운영하는 가게를 보면 경계하고 가지 않았던 기억이 납니다.

하지만 지금은 작은 가게들이 거의 사라지고 대기업이 운영하는 프랜차이즈 가게들이 들어섰습니다. 물론 동네에서 오래 산 사람은 아는 사람이 하는 가게를 가기도 하지만 대부분 특정한 브랜드를 찾아서 갑니다. 당연히 브랜드에 따른 간판, 메뉴판,

인테리어 등이 중요해졌습니다. 관계를 기반으로 물건을 사는 것이 아니라 브랜드를 중심으로 하는 시스템을 기반으로 물건을 삽니다. 최근엔 플랫폼 사업이 활발해지면서 더욱 그러합니다. 광고비를 많이 내서 노출이 많이 된 상점이나 숙박업소를 선택합니다. 아예 대면도 하지 않고 온라인으로만 거래를 하기도 합니다. 생산보다 홍보나 마케팅이 우위에 서는 기이한 현상이 벌어지고 있습니다.

대기업은 먹고살기 위해 일을 하는 것이 아니라 돈을 벌기 위해 일을 하기 때문에 더 많이 벌기 위해 해마다 시스템을 더욱더 진화시킵니다. 이를 알리기 위해 더 많은 홍보와 광고를 하고, 사람들은 이를 보고 찾아갑니다. 시스템은 점점 더 견고해집니다.

이제는 사람을 믿기보다는 견고한 시스템을 믿고 물건을 삽니다. 관계는 점점 더 불필요해지고 더 촘촘한 시스템에 의존합니다. 이에 따라 시스템에 사람을 맞추고, 시스템에 능숙한 사람만이 대접을 받습니다. 부모들은 그런 아이를 만들기 위해 엄청난 교육비를 투자합니다. 그렇게 투자했는데 시스템에 맞지 않으면 아이들의 노력이 부족하다고만 생각합니다. 시스템에 문제가 있을 수도 있는데 말입니다.

사람을 위한 시스템

초중고를 다니는 학생들은 수능에 자신을 맞추려고만 합니다.
그래서 학교 시스템에 나를 맞춰야
좋은 학생이라 생각하고
학교 시스템이 자신의 미래를 보장해줄 것이라 믿습니다.

"마을만들기 사업을 할 때 마을 주민들에게 물어본 질문을 포스트잇에 적어보세요."

몇 년 전 천안에서 마을만들기 동아리사업 담당자들을 대상으로 워크숍을 할 때였습니다. 마을만들기 사업을 할 때 주민들에게 어떤 질문을 하면 좋을지를 포스트잇에 써보시라고 했습니다. 각자 적은 질문을 서로 나누면서 마을만들기 사업을 할 때 적절하게 참고하시라는 의도가 담긴 활동이었습니다.

그런데 한 동아리에서 오신 60대 여자분 두 분이 아무것도 안 하고 멍하니 계시기에 왜 그러신지 여쭤봤습니다.

"어머님들은 왜 아무것도 안 하고 계세요?"

"예, 저희는 맨날 해유."

"네? 뭘 맨날 하세요?"

"울집 양반이 이장인디 맨날 울집에 모여서 한 잔씩 하면서 맨날 이야기해유. 그래서 물어볼 게 없어유. 우린 집에 숟가락이 몇 개인지도 다 아는디유."

순간 저는 머리가 멍해졌습니다. 저는 제가 만든 워크숍에 의존했던 것입니다. 누군가에게는 이런 활동이 필요 없다는 것을 아예 생각조차 하지 못했습니다. 그래서 그분들이 가만히 계시는 것이 이해가 되지 않았고 억지로라도 활동을 시키려고 했던 것입니다. 이미 잘하고 계신 분들인데 말입니다. 그분들을 시스템에 꿰맞추려 한 제 자신이 부끄러웠습니다.

요즘 마을만들기 사업을 많이 합니다. 사람을 믿지 못하고 시스템을 믿다 보니 마을만들기 사업에서도 시스템을 구축하려고만 합니다. 분명 마을만들기는 사람이 중심이 되어야 하는데 말입니다. 이미 마을을 잘 운영하고 계신 분들도 계신데 사업을 주관하는 기관의 시스템에 맞지 않으면 다시 시스템에 맞춰야 합니다. 그래서 시스템을 잘 만드는 사람이 필요해지고 그런 사람이 있는 마을은 예산을 많이 받을 수 있습니다. 분명 시스템을 잘 만드는 사람이 대우받는 경향이 있습니다. 그러니 그런 능력이 없는 사람은 주변에서 맴도는 경우가 많아지고 있습니다.

이는 마을만들기 사업만이 아니라 모든 일에 해당됩니다. 사람을 믿고 그 사람이 하려는 일을 존중하기보다는 시스템을 중시하고 그 시스템을 잘 다루는 사람만 존중하는 사회가 되었습니다.

대표적인 시스템이 수능 시스템입니다. 초중고를 졸업한 청년에게 무엇이 하고 싶고 무엇을 할 수 있는지를 묻는 게 아니라 무조건 수능점수만을 물어보는 것이 현실입니다. 당연히 초중고를 다니는 학생들은 수능에 자신을 맞추려고만 합니다. 그래서 학교 시스템에 나를 맞춰야 좋은 학생이라 생각하고 학교 시스템이 자신의 미래를 보장해줄 것이라 믿습니다.

한번은 인천의 한 장애인 거주시설에서 직원 대상으로 자존감에 대한 강의를 했습니다. 강의를 조금 일찍 마치고 식당으로 가려는데 다들 안 나가고 뭔가를 해야 해서 기다린다고 하십니다. 가만 보니 종이에 인쇄된 QR코드를 핸드폰으로 찍고 있었습니다. 그래야 연수 완료가 된다고 합니다.

연수생들이 연수한다고 하고서 빠지거나 심지어 전혀 다른 곳에 있기도 하니 그걸 막으려고 QR코드를 만들어 연수를 마칠 때마다 핸드폰으로 찍어서 전송하도록 한 것입니다. 그렇게 하면 출석체크도 되고 심지어 위치전송도 된답니다. 자존감을 이야기하면서 사회가 만든 시스템에 사람을 맞추기보다 나를 들여다보고 나의 고유성을 찾아보면서 나에게 필요한 시스템을 만들자고 했는데 말입니다.

사람을 믿지 못하기 때문에 만든 시스템입니다. 그래서 비용을 들여 개발한 것입니다. 사람을 믿지 못하면 비용이 발생합니다. 그것도 많이 발생합니다.

문득 교육의 필요성과 목적이 무엇일까 하는 생각이 들었습니다. 교육이 자신에게 필요하거나 적절하다면 굳이 출석체크를 할 필요가 없습니다. 스스로 열심히 들을 테니까요. 그러니까 왜 교육을 빠지려고 하는지를 파악하기보다는 빠지지 않게 하는 것에 초점을 맞춘 것입니다. 하지만 빠지지만 않았을 뿐 딴생각하며 앉아 있는 사람에게는 큰 의미가 없는 시스템입니다. 결국 이런 교육은 수강생을 위한 시스템이라기보다 교육을 준비하는 사람을 위한 시스템입니다.

교육을 이수함으로써 뭔가 자신에게 이익이 생기지 않으면 사람들은 출석체크를 열심히 하지 않습니다. 그걸로 얻는 게 있으니까 그렇게 하는 것입니다. 그래서 강의내용보다 강의결과를 중요하게 여깁니다. 그에 따른 이익과 불이익을 중요하게 여깁니다. 교육을 잘 듣기보다 출석체크를 중요하게 여길 수도 있습니다. 교육내용과 교육결과가 분리되는 것입니다.

실은 교육이 실제 업무와 자연스럽게 연결되는 것이 좋습니다. 그래야 바로바로 적용도 할 수 있고 질문할 것도 있고 배우는 것도 생깁니다. 그래야 서로의 관계 속에서 신뢰를 바탕으로 교육이 이뤄집니다. 사람을 중심에 두고 서로를 믿고 따르는 것입니다.

지금과 같이 실제 활동과 분리된 채, 교육을 위한 교육을 하는 시스템에서는 아무리 QR코드 출석체크보다 더 첨단의 시스템이 나온다고 해도 편법이나 불량 교육생은 없어지지 않을 것입니다. 그 기본은 사람의 감정과 욕구를 들여다보는 것입니다. 그것을 바탕으로 교육과정을 만들어야 자발적인 참여가 가능합니다.

사람을 사람으로 바라봐야

사람은 누구나 먹고 싶고, 자고 싶고, 쉬고 싶고, 놀고 싶고,
일하고 싶은 욕구를 가지고 있습니다.
그것은 누구이기 때문에 특별히 그런 것이 아니라
사람이기 때문에 가진 욕구입니다.

"준호, 너 바보야? 어? 지금 먹을 게 입으로 들어가니? 어? 야,
4등, 나 너 땜에 죽겠어, 진짜. 너 뭐가 되려고 그래, 어? 너 어
떻게 살려고 그래? 꾸리꾸리하게 살 거야, 인생을? 준호야. 너
엄마 싫지? 그치. 니가 진짜 싫어하는 엄마가 뒤에서 막 쫓아
온다 이렇게 생각하고 수영하란 말이야. 그럼 초가 준다고 엄
마가 몇 번 말해, 어?"
"음, 저도 제 나름대로 열심히 하고 있어요."

– 영화 〈4등〉 중에서

'자녀를 사람으로 보시나요, 학생으로 보시나요?'

자녀를 사람으로 보면 시험 전날이어도 쉬고 싶다고 하거나 여행 가고 싶다고 하면 그렇게 해줘야 합니다. 사람이 가지고 있는 기본적인 욕구를 인정해줘야 합니다. 하지만 학생으로 보기 때문에 그렇게 하지 못합니다.

'그러면 자녀가 스스로를 자신이 사람인 줄 아나요, 학생인 줄 아나요?'

대부분 자신이 학생인 줄 압니다. 당연히 자신이 사람인 줄 모릅니다. 그래서 부모가 보기에 사람 같지 않은 행동을 하기도 합니다. 하지만 그것은 자녀의 탓이라기보다는 자녀를 사람으로 보지 않고 학생으로 보는 부모의 탓입니다.

영화 〈4등〉에서도 어머니는 큰아들을 사람보다는 수영선수로만 봅니다. 그래서 맨날 4등만 하는 아들이 만족스럽지 못합니다. 볼 때마다 4등이라고 부르며 어떻게든 등수 안에 들게 하려고 노력합니다. 그러다 유명한 코치를 알게 되어 어렵게 부탁해서 수영을 배우게 되는데 그 수영코치는 아이를 더 수영선수로만 보고 체벌을 가하며 성적을 올립니다. 그것을 알게 된 엄마는 더 열심히 가르쳐달라고 부탁을 합니다. 아이를 사람으로 보지 못하는 부모와 코치의 모습입니다. 목적을 위해서는 옳지 않은 방법이라도 가능하다고 생각합니다.

　'그렇게 자란 자녀는 부모를 사람으로 볼까요, 부모로 볼까요?'

　자녀들도 부모를 사람으로 보지 못하고 부모로만 봅니다. 그래서 부모로서의 책임만 요구합니다. 만약 사람으로 본다면 부모의 감정이나 욕구도 인정해야 하는데 그렇지 못합니다.

　예를 들면 자신의 어머니가 상처하고 혼자 사시는데 부모로 볼 때는 재혼이 용납이 안 됩니다. 그런데 어느 순간 어머니를 사람이자 여자로 보게 되면 어머니의 감정과 욕구를 알게 되고 어머니의 재혼을 허락할 수 있게 됩니다.

　사람을 사람으로 바라봐야 사람으로서 지니고 있는 감정과 욕구가 보입니다. 사람을 사람으로 보지 못하기 때문에 사람으로서 지니고 있는 감정과 욕구를 보지 못하는 것입니다.

　"그렇게 공부를 싫어하면서 왜?"

　"성적이 좋아야 사람들이 제 말을 믿어주니까요. 안 그러면 제 말은 항상 공중분해 돼요."

　(중략)

　"무슨 책이야?"

　"오셨어요?"

"《우울증 극복하기》?"

"아, 반에 우울증 증세를 보이는 애가 있는데요, 증상 리스트 적어주려고요. 그 반대로 하면 우울증처럼 안 보이잖아요."

"왜 그래야 되는데?"

"우울증이면 친구들이 싫어해서 다 떠나요. 그래서 숨겨야 돼요."

— 영화 〈우아한 거짓말〉 중에서

사람은 누구나 먹고 싶고, 자고 싶고, 쉬고 싶고, 놀고 싶고, 일하고 싶은 욕구를 가지고 있습니다. 그것은 누구이기 때문에 특별히 그런 것이 아니라 사람이기 때문에 가진 욕구입니다.

그런데 사람을 사람으로 보지 않고 학생, 장애인, 노인 등 그 사람이 가진 특성만 보려고 하면 사람으로서 가진 기본적인 감정과 욕구를 볼 수 없습니다. 학생도 쉬고 싶고, 자고 싶고, 놀고 싶은 욕구가 있는데 학생은 그러면 안 된다고 합니다. 장애인도 대중교통을 타고 싶고, 일하고 싶고, 여행 가고 싶은 욕구가 있는데 장애인은 그러면 안 된다고 합니다. 노인도 일하고 싶고, 연애하고 싶고, 놀고 싶은 욕구가 있는데 그러면 안 된다고 합니다. 심지어 학생으로서 친구를 사귀기 위해서는 감정을 숨겨야 하는 세상이 되었습니다.

드라마 〈이태원 클라쓰〉에서 주인공인 새로이는 사람을 능력으로 평가하지 않습니다. 내가 그 사람에 대한 믿음이 있으면 '내 사람'입니다. 내 사람은 끝까지 내가 지키려고 합니다. 그래서 주방장인 현희의 가치를 주방장으로서의 능력만으로 평가하지 않습니다. 그 사람에 대한 신뢰가 있느냐와 그 사람이 나를 신뢰하느냐로 바라봅니다. 하지만 매니저인 이서는 현희를 주방장으로서 일을 잘하느냐로만 평가합니다. 그 사람이 나를 신뢰하는지는 중요하지 않습니다.

그래서 새로이는 이서가 주방장을 그만두게 하자고 했을 때 오히려 월급을 두 배로 올려주면서 이렇게 말합니다.

"두 배 넣었어. 이 가게가 맘에 든다면 네 값어치에 맞게 두 배 더 노력해. 할 수 있지?"

물론 전제가 있습니다. '이 가게가 맘에 든다면' 더 노력하라는 것입니다. 맘에 들지 않는다면 더 노력할 이유도 없으니 나가야 될 것입니다. 하지만 아직 이 가게에 대한 신뢰가 남아있다면 더 노력할 수 있는 기회를 주겠다는 것입니다. 그러면서 이런 말도 합니다.

"그리고 한 가지. 다들 잘 들어. 나는 세상이 기피하는 전과자야. 그리고 이서, 근수, 승권이 너네 얼마 전에 가게 깽판치고 영업 중지시킨 놈들이고. 현희? 나한테나 너희한테 피해 한 번 안 주고 지금껏 성실히 잘 버텨준, 너희들하고 같은 내 사람이야.

나한텐 그게 중요해. 현희가 불편할 수 있고 이해하면 좋고 못 해도 강요 안 하겠지만 트랜스젠더라는 이유로 같이 일하는 데 지장이 있을 것 같다, 그런 놈들 있으면 지금 말해. 그게 누구든 난 결단할 거야."

자신은 전과자이고 나머지도 가게에 피해를 주는 행동을 했지만 아무런 피해도 주지 않은 현희가 트랜스젠더라는 이유로, 요리를 좀 못 한다는 이유로 조직에서 나가야 할 이유는 없습니다. 사람은 누구나 불완전하기 때문입니다. 그런 불완전함 때문에 누군가 피해를 보는 일은 없다는 울타리를 칩니다. 그 안에서 맘껏 자신의 가치를 증명해 보일 수 있는 기회를 제공합니다.

흔히들 사람을 사람으로 보지 않고 학생, 장애인, 노인으로만 봅니다. 그들이 가진 욕구를 보지 않고 인정하지 않습니다. 그러면 그들도 다른 사람을 사람으로 보지 않고 특성만 보려고 합니다. 교사도 쉬고 싶고, 자고 싶고, 놀고 싶은 욕구가 있는데 그러면 안 된다고 합니다. 장애아를 둔 부모도 쉬고 싶고, 혼자 여행 가고 싶고, 놀고 싶은데 그러면 안 된다고 합니다.

서로를 사람으로 보지 않고 가진 특성만을 보려고 합니다. 그래서 모두가 사람다운 욕구를 억제하고 상대에게 의무만 강요합니다. 이로 인한 감정 소모가 심합니다. 사람을 사람으로 바라볼 수 있어야 합니다.

자원이 아닌 자산

자산은 쓸모없다고 해서 버릴 수 있는 것이 아닙니다.
자원은 누군가의 기준에 맞게 양성하는 것이지만
자산은 그 사람이 가지고 있는 것이 무엇인지 드러낼 수 있게
주변에서 도와주고 지켜주는 것입니다.

"하지 말아야 할 몇 가지, 33가지 중의 하나가 아이들이나 가
정에서 전화가 오면 '어, 미안. 회의 중인데 좀 이따가 통화할
게' 이거 하지 말자는 것입니다. 가정, 아이들과의 전화는 어
떤 업무보다 우선합니다."

복지는 이윤이 남아서 하는 것이 아니라 기업을 운영하는 리더
가 당연히 해야 할 의무라는 것이 이원영 대표의 생각입니다.

"이윤 추구의 극대화가 기업의 목표라면 사람 한 분 한 분이
수단이 되고 비용이 되고 심지어 인적자원이 되겠죠. 그런데
돈을 버는 것이 전부가 아니라면 그 외의 것은 뭐냐, 라는 질

문을 던져보면 구성원들과 함께 나누고 더불어함께 살아가고
행복해지는 것 그것이 아니겠는가 싶어요."

– SBS 〈리더의 조건〉, 2013년 1월 6일

제니퍼소프트의 이원영 대표는 회사를 창업할 때 회사에서
하면 안 되는 33가지 규칙을 만들었습니다. 그중 첫 번째가 회의
중에 가족에게서 전화가 오면 회의를 멈추고 전화를 받아야 한
다는 것입니다. 보통은 회의 중 전화가 오면 안 받거나 나중에 전
화한다며 끊는데 그렇게 하면 이원영 대표에게 혼난다고 합니다.

이원영 대표는 일을 하는 목적이 돈을 버는 것이 아니라 행
복해지는 것입니다. 그러니 돈이 되는 일을 하는 것보다 행복해
지는 일을 하려고 합니다. 그것도 구성원들과 함께 행복해지는
것입니다. 돈을 벌어야 행복해지는 것이 아니라 행복해지기 위
해 돈을 번다고 생각하는 것입니다. 직원들을 가족으로 보면 더
욱 구성원들의 행복을 위해 일하는 것이 당연합니다. 당연히 직
원들의 가족에게 무슨 일이 생기면 연락을 받아야 합니다.

이원영 대표는 직원들을 돈을 벌기 위한 수단으로 보는 인적
자원이란 단어를 싫어합니다. 자신과 함께 일하는 직원들은 필
요할 때 쓰고 버리는 자원이 아니라 함께 행복하기 위해 지켜야
할 자산으로 생각합니다. 자산은 쓸모없다고 해서 버릴 수 있는

것이 아닙니다. 자원은 누군가의 기준에 맞게 양성하는 것이지만 자산은 그 사람이 가지고 있는 것이 무엇인지 드러낼 수 있게 주변에서 도와주고 지켜주는 것입니다.

"그 참나무 한 그루 쓰러뜨리니 80만 엔이에요. 오늘 판 몫을 전부 더하면… 여기 산을 다 베어내면 억만장자잖아요."

"응? 뭐 그런 셈인가."

"왜 이런 차 타세요? 벤츠 타자고요. 벤츠."

(꿀밤을 한 대 치며) "너 진짜 바보냐? 네가 살아갈 동안밖에 생각 안 하지?"

"네? 뭐 잘못됐어요?"

"선조가 심은 나무를 전부 다 팔면 내 다음 세대 그 다음 세대는 어쩌라고. 100년도 못 가서 대가 끊겨."

"아…."

"그래서 묘목을 계속 심으면서 소중히 키워야 돼. 이상한 일 같겠지만 말이야. 농부라면 품과 시간을 들여 지은 채소가 얼마나 맛난지 먹어보면 알아보겠지만 임업은 그렇게는 안 되지. 일을 잘했나 못 했나 결과가 나오는 건 우리들이 죽은 후야. 뭐 사는 게 다 그런 거지."

– 영화 〈우드잡〉 중에서

나무를 자원으로 보면 당장 베어 내다 팔아서 돈으로 만들어야 자원으로서의 효능이 있습니다. 하지만 자산으로 보면 소중히 가꾸고 보존해서 후손에게 물려줘야 합니다. 만약 자원으로만 보고 마구 베어다가 팔면 산에 나무가 없어져서 비가 오거나 자연재해가 났을 때 산사태가 날 수밖에 없습니다. 단기간의 효율성 때문에 장기적인 효과는 사라집니다.

사람도 마찬가지입니다. 당장 필요한 사람으로 만들기 위해 교육시키고 일을 시키다 노인이 되면 버리는 자원으로 볼 것이 아니라 그가 타고난 것이 무엇인지를 나타낼 수 있도록 기다려 주고 기회를 주어야 합니다. 자신만이 가지고 있는 능력을 드러낼 수 있도록 자산으로 보아야 노인이 되어서도 자기만의 일을 만들어서 할 수 있습니다.

당장 필요한 시스템에 사람을 맞추는 것은 시스템을 사람에게 맞추는 것보다 지속성이 떨어질 수밖에 없습니다. 사람을 더 이상 자원이 아닌 자산으로 볼 수 있어야 창의적인 사람들도 늘어날 것입니다.

자산의 역할

"선생님, 저는 누가 늦게 오면 그렇게 신나요.
저는 혼자 살기 때문에 사람들 만나는 게 너무 좋아서 봉사를 하거든요.
그래서 누가 늦게 오거나 안 오면
더 많은 사람들을 만날 수 있어서 너무 신나요."

현대 기술은 자연에게 에너지와 원자재를 내놓으라고 강요한
다. 현대 기술 앞에서 모든 존재자는 필요하면 언제라도 갖다
쓸 수 있고 대체와 변형이 가능한 부품이 되어버린다. 강에 수
력 댐이 건설되고 나면, 강물은 에너지 공급의 자원으로 전락
하고 만다. 강의 흐름이 에너지를 생산하는 데 부적합하다면
그 물줄기의 흐름을 강제로 바꿀 수도 있다. 수많은 전설이 숨
어 있던 울창한 숲은, 이제 신문을 만들 종이의 재료의 생산
공장 취급을 받는다.

– 《욕망하는 테크놀로지》, 56쪽

지금 사회는 사람에게 사회에서 필요한 능력을 요구합니다. 사회에 필요하면 언제라도 갖다 쓸 수 있고 대체와 변형이 가능한 자원으로서의 부품이 될 수 있다고 생각합니다. 그래서 그가 자산으로서 무엇을 가지고 있고 무엇을 하고 싶어 하는지는 궁금해하지 않습니다.

각자가 자산으로서의 자신에 대해 제대로 알고 그것을 드러낼 수 있어야 다양한 자산들이 마을에 보일 것입니다. 그러한 자산들은 주체적으로 자신의 다양함을 나눌 수 있는 존재가 될 것입니다. 그러면 마을에 필요한 자산이 다양해지고 그 자산에 힘입어 마을의 다양한 문제들이 해결될 수 있을 것입니다.

그렇지 않으면 누군가 정해놓은 능력의 기준에 자신을 맞추려고 할 것입니다. 서로 비슷한 능력만 키우려고 하면 다양한 문제에 적절히 대응하기가 어려워집니다. 더구나 그런 능력을 키울 기회조차 사라지는 노인이 되면 문제를 해결할 주체가 되기는커녕 문제 자체가 되고 맙니다.

최근 봉사하는 분들 중에는 혼자 사시는 노인이 많습니다. 독거노인이 독거노인을 위해 봉사하는 시대입니다. 이들이 봉사를 하는 목적은 독거노인을 돕기 위해서만은 아닙니다. 스스로가 외롭기 때문에 함께 봉사하는 사람들을 만나는 것이 삶의 큰 활력소가 된다고 합니다. 자신의 문제를 자신이 주체가 되어 해결하고 계신 것입니다.

신림의 한 복지관에서 봉사하시는 노인분들에게 교육을 마치고 질문을 한 적이 있습니다.

"봉사활동을 하러 모이는데 늦게 오시는 분이 있으면 어떤 감정이 드세요?"

봉사활동을 남을 위해서만 하는 분들에게는 이런 상황이 되면 자신이 손해를 많이 본다는 생각으로 갈등의 원인이 되기 때문에 궁금해서 여쭤봤습니다. 그런데 한 분이 이렇게 대답을 하십니다.

"선생님, 저는 누가 늦게 오면 그렇게 신나요. 저는 혼자 살기 때문에 사람들 만나는 게 너무 좋아서 봉사를 하거든요. 그래서 누가 늦게 오거나 안 오면 더 많은 사람들을 만날 수 있어서 너무 신나요."

누군가에게는 혼자 사는 노인들이 쓸모없는 자원으로 보일 수도 있지만 누군가에게는 그들이 만나고 싶고 소중하게 지켜야 할 자산으로 보일 수도 있습니다. 단순히 자원으로만 보면 누군가는 문제로만 보이지만 자산으로 보면 문제가 아닌 자신의 문제를 해결해주는 소중한 존재가 될 수 있습니다.

4장

보이지 않던 것들의 귀환,
공동체를 다시 쓰다

그동안 보이지 않던 일, 돈, 사람이 보여야만
공동체가 유지될 수 있습니다. 사람을 위한 일을 하고,
일을 위해 돈이 순환하고,
사람이 주체가 되는 시스템을 만들어야 합니다.
그래야 예상하지 못한 재난이 와도 지속가능한 사회를 유지할 수 있습니다.
그러기 위해서는 나눠야 합니다.
나누는 사람이 희망입니다. 보이는 나눔이 희망입니다.

혼자 살 수 없는 존재

사람은 불완전합니다. 그래서 혼자 살 수 없습니다.
함께 살아야 합니다. 그러기 위해서는
자신의 불완전함을 드러내고
서로 채워줄 수 있는 것들을 채워줘야 합니다.

"근데 형, 저도 진짜 열심히 살았거든요. 남들이 하는 거, 나
하고 싶은 거 그거 다 참고 진짜 아무것도 안 하고 저 공부만
하면서 진짜 열심히 살았어요. 진짜 미친 듯이 일만 했는데 근
데 왜 이래요. 저 뭘 더 어떻게 해야 되는지 모르겠어요."

"더 노력했어야지. 니가 더 노력하고 최선을 다했어야지. 새벽
부터 일하고 아르바이트도 5개씩 했어야지. 밥도 먹지 말고.
밥은 왜 먹어? 잠도 5시간 자지 말고 3시간만 잤어야지. 밥도
안 먹고 잠도 안 자고 1년 365일 일만 하고 공부만 했어야지.
어떻게 지금보다 더 열심히 사냐. 여기서 어떻게 더 허리띠를

졸라매. 어떻게 더 파이팅을 해. 최선을 다했는데 기회가 없었
던 거야. 그러니까 세상을 탓해. 세상이 더 노력하고 애를 썼
어야지. 자리를 그렇게밖에 못 만든 세상이 문제인 거고 세상
이 더 최선을 다해야지. 욕을 하든 펑펑 울든 다 해도 니 탓은
하지 마."

– 드라마 〈슬기로운 감빵생활〉 8화 중에서

사람이 혼자 살지 않고 함께 사는 것은 그럴 만한 이유가 있
기 때문입니다. 송아지나 망아지는 태어나자마자 걷고 움직이는
등 혼자 살 준비를 하고 태어납니다. 하지만 다른 동물과 달리
사람은 태어나자마자 혼자 살 수 없습니다. 누군가의 도움이 필
요한 존재입니다. 과거엔 가족이나 마을의 도움이 있었지만 지
금은 혼자 책임져야만 합니다. 자신의 문제를 자신이 혼자 돈을
벌어서 해결하려고 합니다. 그래서 힘이 듭니다. 혼자서는 해결
할 수 있을 만큼 벌기가 어려워졌습니다. 정말 최선을 다했지만
역부족입니다. 하지만 그것은 개인의 책임만이 아닙니다. 사회
가 함께 책임져야 할 문제입니다.

"너 아직도 노냐?"

"예? 노는 게 아니라…."

"요즘 취직하기도 힘들다던데. 불황 아니냐, 불황. 우리나라 백수 애들은 착혀. 거 테레비에서 보니까 프랑스 백수 애들은 일자리 달라고 다 때려 부수고 개지랄을 떨던데 우리나라 애들은 다 지 탓인 줄 알아요. 지가 못나서 그런 줄 알고. 아유, 새끼들 착한 건지 멍청한 건지 다 정부가 잘못해서 그런 건데… 야, 너 욕하고 그러지 마, 취직 안 된다고. 니 탓이 아니니까. 당당하게 살어. 힘내."

– 영화 〈내 깡패 같은 애인〉 중에서

나누지 못하는 마을은 결국 개개인이 무너지면서 함께 무너질 것입니다. 이제는 개인만 노력할 것이 아니라 사회가 함께 노력해야 합니다. 사회를 이루는 사람들 모두가 노력해야 합니다.

"우린 가라앉는 배라고 할 수 있어. 구명보트는 이미 사라진 지 오래야. 물은 우리 입까지 차오르고. 희망이 없다는 걸 이미 알고 있지. 그래도 우린 아직 탈출구를 찾고 있어. 하지만 문제는 우린 바다로 뛰어내릴 용기조차 없다는 거야."
"말해봐, 쿠로수, 왜 그런 거지? 난 모든 걸 받아들일 준비가 되어 있어. 그런데 그들은 왜 우릴 받아들일 준비가 되어 있지 않은 거지?"

"구명보트는 사라졌어. 그들은 이미 여자들과 아이들, 젊은이들을 잔뜩 태웠어. 이미 사라졌어."

– 영화 〈도쿄소나타〉 중에서

가라앉는 배에서 나를 위한 구명보트가 사라졌다면 나는 어떻게 해야 할까요? 그대로 배와 함께 가라앉아야 하는 걸까요, 아니면 바다에라도 뛰어들어야 하는 걸까요? 가라앉는 배에서 할 수 있는 건 다 해봤는데 더 이상 무엇을 더 해야 하는 걸까요?

가라앉는 배에서 모두가 탈출만 하려고 하면 구명보트에 탈 자격이 없는 사람들은 더 이상 희망이 없이 그냥 무기력하게 있을 수밖에 없습니다. 하지만 가라앉는 배를 고칠 수만 있다면 탈출만 하려고 하기보다 배를 고치려고 할 것입니다. 그러나 그 큰 배를 혼자 고칠 수는 없습니다. 누군가와 함께 해야 합니다.

내 또래랑 산다고 해서 내 또래와만 할 수 있는 것은 아닙니다. 모두가 함께 해야 합니다. 그것이 함께 사는 사람이라면 더 좋을 것입니다. 취직을 못하는 청년이든 퇴직 후 할 일이 없는 장년이든 아무도 봐주지 않는 노년이든 말입니다.

사람은 불완전합니다. 그래서 혼자 살 수 없습니다. 함께 살아야 합니다. 그러기 위해서는 자신의 불완전함을 드러내고 서로 채워줄 수 있는 것들을 채워줘야 합니다.

과거에는 나에게 문제가 생기면 가족뿐만 아니라 마을 주민들도 함께 해결해주려고 노력했습니다. 그래서 그때는 돈이 아무리 많아도 관계가 좋지 않으면 마을을 떠나야 했습니다. 하지만 지금은 나에게 문제가 생기면 나 혼자 해결해야 합니다. 심지어 가족들도 해결해줄 수 없는 상황이 되기도 합니다.

과거에 비해 혼자 해결하기에는 너무나 많은 문제가 생겨나고 있습니다. 사회가 너무나도 복잡해졌기 때문입니다. 그래서 그런 문제를 해결해주는 공무원도 생겼고 복지사도 생겼지만 여전히 문제는 많습니다. 그런 문제들을 해결해주는 기업도 많아졌습니다.

많은 기업들의 도움으로 나의 문제를 해결할 수 있게 되었는데 그러기 위해서는 돈이 필요합니다. 그것도 많이 필요합니다. 지금은 그런 돈을 벌기 위해서 그나마 남아있는 관계도 끊어가며 돈을 벌어야 합니다. 돈을 벌기 위해서는 나의 불완전함이 드러나면 안 됩니다. 남보다 오히려 나아야 합니다. 그래서 불완전하지 않은 척을 합니다. 그러기 위해서 남보다 센 척을 하거나 남의 불완전함을 찾아내서 까발립니다.

이제는 불완전하기 때문에 함께 살려고 하기보다 불완전하지 않은 척을 해서 돈을 벌기 위해 혼자 살려고 합니다. 그래야 자신의 문제를 해결할 수 있다는 생각을 합니다.

불완전하지 않은 척을 하기 위해 끊임없이 남과 자신을 비교합니다. 이때 비교의 기준은 자신 내부의 것이 아닌 외부의 것입니다. 아무리 내부의 것을 성장시켜봐야 남이 인정하지 않으면 여전히 불완전해 보여서 남에게 피해를 입거나 무시당할 거라는 불안감이 팽배합니다.

문제에 대한 접근방향이 잘못되면 기준이 달라지고 해결방법도 달라집니다. 그런데 함께 서로의 불완전함을 드러내고 채워주려고 하기보다는 서로의 불완전함을 비교하고 상대방을 눌러서 손해 보지 않는 것이 자신의 문제를 해결하는 방법이라 생각합니다.

그래서 나보다 더 불완전해 보이는 사람을 보면 노력하지 않은 불쌍한 사람이라 여기고 무시합니다. 동등한 관계로 보지 않습니다. 자신은 그들보다 더 노력했기 때문에 그에 대한 보상을 받아야 한다고 생각합니다. 함께 살려고 하기보다는 그들보다 나은 삶을 원합니다.

과거에는 일을 한 만큼 벌어서 먹고살았기 때문에 이 차이가 크지 않았습니다. 하지만 어느 순간 돈으로 돈을 벌기 시작하면서부터 그 차이가 커지기 시작했습니다. 심지어 지금은 아무것도 안 해도 돈을 벌 수 있는 시대가 됐습니다. 그래서 자신이 누구보다 노력했다는 기준을 돈을 얼마나 벌었느냐로 삼는 사람들이 많아졌습니다.

　심지어 최소의 비용으로 최대의 효과를 내면 정말 우수한 사람으로 평가받기 시작해서 일은 적게 하고 돈은 많이 버는 것이 미덕이 되었습니다. 당연히 일은 많이 하고 돈은 적게 버는 사람은 무지하고 노력하지 않는 사람 취급을 받습니다. 점점 더 그 격차는 커져가고 있습니다.

　앞으로 부의 격차가 더 커지면 이런 생각은 점점 더 심해질 것입니다. 그러다 어느 순간 나눔은 불필요한 것이 될 수도 있습니다. 저성장시대에 파이가 작아지면 돈을 많이 버는 사람들도 파이가 작아질 것이기 때문입니다. 그럼 더 이상 나누지 않고 그들만의 리그를 만들 것입니다. 그러면 사회는 순환하지 않고 멈출 것입니다. 조금이라도 불완전해 보이는 사람은 공격 대상이 되고 그들과 나누기는커녕 그나마 가진 것마저 빼앗으려고 할 것입니다. 그러다 어느 한쪽으로 완전히 쏠리다 무너질 것입니다. 노동 없는 자본은 없기 때문입니다. 모두가 돈만 벌려고 하지 일하려고 하지 않을 것입니다.

분배를 통한 성숙

중산층이 많아져서 소비를 활성화해야 돈이 돌고
경제가 활성화됩니다. 경제가 활성화되어야
개인에게도 그 효과가 반영될 수 있습니다.
돈이 별로 없으면 있는 만큼 나누고 순환시키면 됩니다.

문제는 나누어 가질 것이 넉넉하지 못한 데 있는 것이 아니라
우리의 생각이 넉넉하지 못한 데 있다. (중략) 우리는 필요한
모든 것이 마련되어 있는데 여전히 일하지 않는 자는 먹을 자
격이 없다고 생각한다. (중략) 세상에 커다란 파이가 넘쳐나는
데도 자신이 얼마나 부지런한 사람인지를 증명하지 않는 사람
은 작은 파이 한 조각도 먹어서는 안 된다고 말한다.

－《기본소득, 자유와 정의가 만나다》, 44~45쪽

'개처럼 벌어서 정승처럼 써라.'

아주 좋은 속담입니다. 직업에 귀천이 없으며 잘 벌어서 귀하게 쓰라는 말입니다. 하지만 달리 생각하면 좋지 않은 속담이 될 수도 있습니다. 개처럼 버는 동안 주위는 개판이 됩니다. 그래서 개판을 복구하라고 돈을 주는 것입니다. 개판을 만들지 않으면 줄 필요도 없는데 말입니다.

주위를 개판으로 만드는 성장은 오히려 주위 사람들이 나중에 살아가는 데 지장을 줄 수도 있습니다. 그래서 맹목적인 성장은 오히려 사회에서 걸림돌이 될 수도 있습니다. 성장과정에서도 나눔의 정신이 필요합니다.

미국의 버몬트 주에 '벤앤제리(BEN & JERRY)'라는 아이스크림 회사가 있습니다. 이 회사는 창업주인 벤과 제리의 의지에 따라 많이 벌어서 나누는 것이 아니라 버는 동안에 나누려고 노력합니다. 그래서 아이스크림의 원료가 되는 우유를 멀리서 값싼 재료를 받는 것이 아니라 버몬트 주에서 낙농업을 하는 사람들에게서 정기적으로 받습니다. 낙농업자는 정기적으로 납품을 하니 필요 이상으로 일을 할 필요도 없고 새로운 거래처를 만들지 않아도 되기 때문에 안정적으로 일을 할 수 있습니다. 또한 노동자로는 버몬트 주의 청년들을 고용합니다. 분명 더 저임금의 노동자를 외부에서 고용할 수 있는데도 말입니다.

그렇기 때문에 벤앤제리의 아이스크림은 다른 회사보다 20〜

30% 더 비쌉니다. 원재료비와 인건비가 비싸기 때문입니다. 하지만 버몬트 주의 사람들은 이 아이스크림만 먹습니다. 자신들의 회사이기 때문에 당연히 그렇게 하는 것입니다. 그래서 버몬트 주의 명품 아이스크림이 되어 전국의 마트에도 납품을 하고 있습니다.

벤앤제리는 수익을 많이 낸 다음에 지역에 환원하는 것이 아니라, 생산과정에서 지역 사람들에게 이익이 돌아가도록 노력합니다. 그 노력은 지금도 이어지고 있고 지역 사람들은 그로 인해 안정적인 수익을 낼 수 있기 때문에 지역을 떠날 이유도 없습니다.

"우리 부자들이 잘살수록 모두가 더 잘살 거라는 생각을 버려야 합니다. 그것은 사실이 아닙니다. 왜 아니냐고요? 저는 중간임금의 1,000배를 벌지만 1,000배만큼 많은 물건을 사지는 않습니다. 제가 그렇습니까? 저는 사실 이 바지를 두 벌 샀습니다. 제 동료인 마이크는 이것을 제 매니저 팬츠라고 부르죠. 저는 이 바지를 2,000벌 살 수도 있지만 그걸 다 사서 뭐하겠습니까? 몇 번이나 이발을 할 수 있을까요? 얼마나 자주 외식을 할까요? 소수의 부자들이 얼마나 부유한지와 상관없이 부자들은 절대로 엄청난 국가경제를 이끌 수 없습니다. 오직 번창하는 중산층들만이 할 수 있습니다."

– 닉 하나우어, EBS 〈세계견문록 아틀라스 3부〉, 2018년 10월 10일

미국의 괴짜 억만장자 닉 하나우어는 최저임금을 15달러로 올리자는 운동을 합니다. 자신은 이미 억만장자이고 일 년에 수백만 달러를 버는데 왜 최저임금을 올리자는 운동을 할까요? 닉 하나우어는 자신은 매년 수백만 달러를 버는데 소비는 그렇게 많이 하지 않는다고 말합니다. 오히려 소비해야 할 돈을 자신이 벌어들였기 때문에 양극화가 심화되고 있어서 실제 소비가 줄어들 것이라고 걱정합니다. 그럼 그 피해를 자신도 볼 수 있다고 말합니다. 일반 소비가 줄어서 그 물건을 생산하는 기업이 어려워지면 자신이 컨설팅할 업체가 줄어들 수밖에 없으니까요.

이는 개인이 혼자서 극복할 수 있는 일이 아닙니다. 사람들이 같이 나눌 수 있어야 변할 수 있습니다. 중산층이 많아져서 소비를 활성화해야 돈이 돌고 경제가 활성화됩니다. 경제가 활성화되어야 개인에게도 그 효과가 반영될 수 있습니다. 돈이 별로 없으면 있는 만큼 나누고 순환시키면 됩니다.

"제가 오늘 발표하려는 내용은 발표 즉시 적용됩니다. 우리 회사의 연봉 방침을 변경하려고 합니다. 내년 12월부터 최저 연

봉을 6만 달러로 조정할 것이고 이듬해 12월부터는 최저 연봉이 7만 달러가 됩니다. 이 정책을 실행하면서 발생하는 손해가 제자리로 돌아올 때까지 제 연봉 또한 최저 연봉으로 낮추기로 했습니다." (중략)

"제가 좋아하고 아끼는 친구가 있는데 월세가 200달러나 올라서 힘들어했어요. 친구로서 저는 매우 화가 났어요. 고용주가 충분한 임금을 주지 않는 것에 대해서 말이에요. 그런데 화가 나는 동시에 생각해보니 저도 그 고용주와 똑같은 행동을 하고 있더라고요."

2년 전 이 회사도 임금격차가 컸다. 대표이사의 연봉은 110만 달러, 사원들의 평균 연봉은 5만 달러, 가장 적은 연봉을 받는 사람의 연봉은 3만2천 달러였다.

"몇몇 시청자분들께서는 TV를 보면서 '참 관대하고 이타적인 사람이군.' 하고 생각할 수도 있어요. 그건 전혀 사실이 아닙니다. 단지 다른 종류의 '이기주의'이고 다른 종류의 '기업가 정신'일 뿐이에요. 우리는 아끼는 사람들의 삶이 나아지길 원해요. 다들 그래서 돈을 벌려는 것이기도 하고요. 저에겐 함께 일하는 직원들이 가족과도 같고 어떻게 보면 이 정책도 가족을 챙기기 위해 한 행동이에요."

– 댄 프라이스, SBS 〈수저와 사다리〉, 2016년 11월 20일

미국의 신용카드 결제대행사 그래비티 페이먼츠의 대표인 댄 프라이스는 자신의 연봉을 낮추고 사원들의 연봉을 높였습니다. 그 효과는 바로 나타났습니다. 사원들은 안정적인 삶이 가능해졌고 특히 가족이 있는 경우에는 삶의 만족도가 높아졌습니다. 그로 인해 직장에서의 업무도 안정적으로 할 수 있었습니다. 안정감은 회사 매출로 연결되었습니다. 평균 매출이 두 배가 되었습니다. 회사 대표의 나눔이 오히려 회사의 성장을 불러왔습니다.

우리나라는 경제성장률을 높이는 데 목적을 두고 노력해왔습니다. 그러다 보니 매년 목표성장률이란 것을 정해서 무조건적으로 일한 게 사실입니다. 그러다 보니 성장의 과정에서 부작용도 많았습니다.

하지만 최근 들어 인구가 줄고 경쟁이 심화되면서 한국경제도 마이너스 성장까지는 아니지만 한 자릿수에 성장률이 머무르는 저성장시대가 지속되고 있습니다. 더 이상 고성장이 없는 한국경제는 과거에는 상상하기 힘든 현실을 맞이하고 있습니다.

그렇다면 이후에는 어떤 목적을 가지고 나아가야 할까요? 성장이 아니라면? 한국경제도 더 이상 외적으로 보이는 숫자상의 성장을 바라볼 것이 아니라 분배와 나눔을 통해 국내의 자생력을 길러야 할 것입니다. 외화를 덜 벌더라도 살 수 있는 구조를 국내 경제에서 찾아야 할 것입니다.

"한국 사회에서 앞으로 필요한 것은 오히려 '분수효과'가 아닐까 싶어요. 적정 임금을 보장한다고 할 때 그만큼 내수 진작 효과도 생기고 그러면서 우리 사회나 우리 경제에 선순환을 가져올 수 있겠다 이렇게 봅니다."

– 김유선(한국일사회연구소 선임연구위원), SBS 〈수저와 사다리〉, 2016년 11월 20일

국민들도 더는 국가가 성장해서 떨어지는 낙수효과를 기대하는 객체가 아니라 함께 살아갈 생태계를 만들어가는 주체가 되어야 할 것입니다. 국민들은 국민총생산(GNP)에는 잡히지 않더라도 주체적인 나눔을 통해서 함께 살아가려고 노력해야 합니다.

우리는 성장하려고 하나요, 성숙하려고 하나요? 성장만 할 수도 없고 성숙만 할 수도 없습니다. 우선 성장을 통한 양적 변화가 필요하지만 어느 정도 성장한 후에는 성숙을 통한 질적 변화도 필요합니다. 무한대로 성장하는 것은 방향성이 없는 질주와도 같습니다. 조직이나 기업도 마찬가지입니다. 무한성장을 하면 좋을 것 같지만 성장하는 동안 예상하지 못한 문제들이 생길 수 있고 이에 적절히 대응하지 못하면 무너질 수도 있습니다. 특히 양적 성장만 있다면 다양한 구성원들의 욕구를 충족시키기 어렵습니다. 그래서 구성원들의 욕구를 표준화해 제한합니다. 제한된 욕구는 언젠가는 폭발하게 되어 있습니다. 따라서 질적

성숙의 과정이 성장에는 방해가 될 수 있지만 필요합니다. 둘 간의 속도 차이를 인정하고 조절할 수 있어야 합니다.

국가도 마찬가지입니다. 과거 인구의 급속한 증가에 따른 수요증대로 양적 성장이 필요했던 시기에는 잘 대응했지만, 인구 감소에 따른 질적 성숙을 해야 하는 지금 상황에는 적절히 대응하지 못하고 있습니다. 구성원들의 욕구를 제한한 채 엄청난 양적 성장을 이끌어냈지만, 성장을 함에 따라 구성원들의 욕구는 다양해졌고 더 이상 성장하지 못하는 시대가 되면서 그 욕구도 함께 드러났습니다. 하지만 이에 적절히 대응하기보다는 구성원의 책임으로 돌려버렸습니다. 갈등은 심화되고 이로 인한 사회 문제는 심각해졌습니다. 특히 세대 간의 갈등은 이념 간의 갈등으로 확대되고 있습니다. 이렇게 가다가는 나라가 둘로 쪼개지지 않을까 하는 걱정마저 듭니다.

요즘 마을공동체가 많이 만들어지고 있는데 이 과정에서도 양적 성장만을 추구하지 않도록 주의해야 합니다. 지금 국가가 지닌 문제를 마을에서만이라도 풀 수 있어야 합니다. 이를 위해서는 질적 성숙을 위해 조금 느리더라도 구성원들의 욕구를 충분히 반영할 수 있어야 합니다. 사업 몇 개 더 한다고 성숙할 수 있는 것이 아닙니다. 충분한 시간을 가지고 서로 소통하고 나누며 만들어가야 합니다.

공동체에 보이는 일

모든 사람은 일을 하고 싶어 합니다.
비록 할 수 있는 일이 다르고 속도가 다르지만
일을 통해 삶의 만족을 느끼고 싶어 합니다.
그것이 가능하도록 도와주는 것이 공동체입니다.

"미래에는 식당이 어떻게 운영될까요? 일본 도쿄에 '미래식
당'이란 이름의 음식점이 등장했는데 잠깐 일을 도와주면 여
기에서 한 끼 식사를 무료로 해결할 수 있는데 어려운 사람에
게 양보하는 선순환도 일어나고 있다고 합니다."

– 〈KBS 9시 뉴스〉, 2017년 10월 6일

일본에 있는 '미래식당'에서는 식당 일을 50분 동안 하면 1만
원짜리 식사를 무료로 할 수 있습니다. 정식 직원은 주인 한 명
이고 나머지 일하는 사람들은 모두 손님입니다. 돈이 없어도 일

만 하면 밥을 먹을 수 있기 때문에 자신의 일을 제공하고 떳떳하게 밥을 먹을 수 있습니다. 주변의 돈이 없는 청년이나 혼자 사는 사람들에게 인기라고 합니다. 그런데 어떤 사람들은 일만 하고 밥을 다음 사람에게 양도한다고 합니다. 자신이 일한 대가를 누군가에게 양보하는 것입니다.

"돈 때문에 손님과의 인연을 끊는다는 게 싫다는 것이 (이 식당을 운영하는) 가장 큰 이유입니다." (고바야시, 미래식당 주인)

심지어 식당의 주인은 돈을 버는 게 목적이 아니라 사람들과의 관계를 유지하는 것이 목적이라고 합니다. 일을 하는 목적이 돈이 아니라 사람입니다. 식당 이름은 미래식당인데 주인의 미래는 관계의 회복인 것입니다.

미래식당의 주인은 일하는 기준이 돈을 얼마 버느냐가 아니라 얼마나 행복하냐입니다. 내가 행복하고 주위 사람들이 행복해서 함께 행복하게 관계를 유지할 수 있는 일이 진짜 일입니다. 돈의 가치보다 자신들이 하는 일의 가치를 발견한 것입니다.

"곧 여름방학이 다가오면 학교에서 급식을 먹을 수 없게 되는 결식아동들이 문제입니다. 일본에서는 주민들의 자율 봉사로

운영되는 이른바 어린이 식당이 전국적으로 생겨나고 있는데요, 이제는 그 숫자가 수천 곳에 달하면서 대안으로 제시되고 있습니다. (중략)

매주 목요일 문을 여는 어린이 식당, 100엔, 우리 돈으로 천원 정도면 어린이는 누구든 식사를 즐길 수 있습니다. 지난 2010년 바나나 하나로 밥을 대신하는 아이들이 있다는 말에 운영하던 채소가게에 일주일에 한 번씩 어린이 식당을 열기 시작했습니다.

'편모가 많고, 엄마가 아프다든지 엄마 아빠가 있어도 모두 귀가가 늦은 어린이들이 와요.'(곤도, 어린이 식당 설립자)"

— 〈KBS1 9시 뉴스〉, 2018년 7월 2일

1,000원 정도를 받기는 하지만 이 식당은 돈이 목적이 아니라 창피함 없이 누구나 와서 먹을 수 있게 하는 것이 목적입니다. 이것은 대가 없이 하는 누군가의 일이 있기에 가능한 것입니다. 돈이 있어야 보이던 일이 돈이 없이도 나타난 것입니다.

돈은 벌지만 보이지 않는 일이 있고 돈은 적게 벌지만 보이는 일이 있습니다. 혼자 책상에 앉아서 컴퓨터로 클릭만 해도 돈을 버는 보이지 않는 일보다 마을에서 사람들과 만나고 부대끼고 관계 맺으면서 함께 일하는 보이는 일이 마을에는 더 필요합니다. 그래야 보이지 않는 사람들도 보이는 사람이 되고, 보이지 않는 돈도 줄어들 수 있습니다. 혼자 집에서 보이지 않는 사람으로 보이지 않는 일을 했던 많은 사람들이 함께 보이는 일을 하면서 만나고 관계 맺을 수 있습니다.

그것을 아주 극명하게 보여준 사례가 '10월의 하늘' 프로젝트입니다. 2010년에 과학자 정재승 씨가 트위터에 글을 하나 올리면서 시작된 프로젝트입니다.

"과학이나 공학을 전공한 대학원생, 연구원, 교수 중에서 작은 도시/읍면의 도서관에서 강연기부를 해주실 분을 찾습니다." 라는 글을 올렸는데 한 시간여 만에 300명 넘게 강연 또는 진행을 기부하겠다고 신청했습니다. 그런데 놀라운 일은 그 이후에 벌어집니다. 과학강연을 할 수 없는, 과학에 재능이 없는 분들이 간식, 자원봉사, 돈 등을 기부하겠다며 더 많은 글이 올라왔습니다. 그래서 보름 정도 만에 강의계획이 잡힙니다. 정재승 씨도 예상하지 못한 놀라운 일이었습니다.

'10월의 하늘(http://www.nanumlectures.org)'이라는 주제로 이뤄진 이 행사는 〈옥토버 스카이〉(October Sky, 1999)라는 영화의 제목을 따온 것입니다. 미국의 탄광촌에서 과학의 의지를 불태웠던 한 과학자의 어린 시절을 그린 영화에서 동기를 얻어 과학의 의지는 있는데 환경이 어려운 아이들에게 과학의 꿈과 희망을 심어주기 위해 시작됐습니다. 트위터에서의 폭발적인 반응처럼 행사는 29곳의 어린이도서관에서 10월 마지막 토요일에 잘 치러졌습니다. 지금도 많은 어린이도서관에서 이 행사를 진행하고 있습니다.

어느 누구도 돈을 바라지 않았습니다. 단지 누군가에게 필요한 강연이 진행될 수 있도록 하는 일에 집중했습니다. 그래서 실제로 그 일이 일어났고 많은 아이들에게 좋은 강연이 전해졌습니다. 이 프로젝트를 통해 많은 자원봉사자와 진행자와 아이들이 만나고 관계 맺을 수 있었습니다.

돈이 오가지 않았다는 것이 중요한 것이 아닙니다. 내가 하는 일이 얼마나 중요하고 가치 있는 것인지를 알고 누군가와 그 가치를 나누려는 사람들이 있다는 것입니다. 그로 인해 보이지 않던 일들이 우리 눈에 보이기 시작합니다.

심지어 일을 할 수 없을 것 같은 사람들의 일도 가치 있고 소중합니다.

"여느 식당과 크게 다르지 않은 모습, 테이블에 다가가 살펴보니 손님들이 종업원에게 한참 동안 주문을 반복하고 있습니다. 오므라이스와 햄버거 등이 대표 메뉴인 식당, 주문한 음식이 제대로 나오는 것도 아닙니다. 손님이 화를 내기는커녕 침

착하게 설명을 하며 환하게 웃어주는 풍경, 이런 모습이 식당이 화제가 된 비결입니다.

우왕좌왕하는 종업원 20여 명은 치매를 앓고 있습니다. 실수를 감안해 달라는 의미에서 식당 이름도 '주문을 실수하는 요리점'으로 지었습니다. 너그러운 관용을 갖고 본다면 치매환자도 일을 할 수 있고, 격리된 장소에서 나와 공존할 수 있다는 것을 보여주기 위해 문을 연 식당입니다."

— 〈MBC 뉴스〉, 2017년 9월 24일

일본의 NHK방송국 PD인 오구니 시로 씨가 진행한 프로젝트입니다. 치매노인들의 상황을 이해하고 그들이 사회에서 이해받을 수 있는 방법이 무엇일지 궁리하다가 아예 식당을 차렸습니다. 프로젝트는 성공적이었고 사람들에게 치매에 대한 관심을 불러일으켰습니다. 이는 치매환자를 단순히 정신적인 병을 가진 격리해야 할 사람으로 보지 않고 함께 일하며 살아갈 수 있는 존재로 인식하는 계기가 되었습니다.

일본에서는 비슷한 개념의 '치매 카페'도 여기저기 생겨나고 있습니다. 일을 효율성이라는 기준으로만 보지 않고 고유성과 공존을 기준으로도 보자는 것입니다. 혼자 일을 잘한다고 잘 사는 것이 아니라 함께 할 수 있는 일을 찾아서 하다 보면 모두가 함께 살 수 있습니다. 각자의 속도대로 각자가 할 수 있는 만큼 일을 해서 서로에게 도움이 되도록 하는 것입니다.

밭일·요리하는 치매 환자들, 네덜란드에 이런 농장 1,000개
네덜란드 동부 소도시 헹엘로에서 버스로 20여 분을 달리면, 들판 한가운데에 붉은 벽돌로 쌓아올린 농가 세 채가 보인다. 1912년에 문을 연 에르베 니퍼트 케어팜이다. 우리말로 '케어 팜(care farm)'은 '돌봄 농장'이란 뜻. 복지시설에 갇혀 여생을 보내야 하는 치매노인들이 자기 집에 머무는 것처럼 농사를 짓 고 요리도 한다. 그러면서 신체적·정신적 치유를 얻는 대안 복 지 모델이다. 바헤닝언 케어팜 연구소의 조예원 대표는 "농업 국가인 네덜란드엔 1,000곳이 넘는 케어팜이 있다"고 말했다.

– 〈조선일보〉 2019년 8월 6일, 노지후 기자

네덜란드의 케어팜이라는 돌봄 농장에서 일하는 치매노인들 은 누군가가 하는 일에 자신의 삶을 의존하는 게 아니라 자신의 일을 통해 자신의 삶을 책임집니다. 이곳의 노인들은 치매라는 병 때문에 쓸모없고 받기만 하는 존재가 아니라 자기 스스로 일 을 하면서 자신의 삶을 책임질 수 있음을 보여줍니다. 농장에서 필요한 일 중에서 자신이 할 수 있는 일을 하면 됩니다. 농사라

는 것이 갑자기 일을 많이 한다고 생산량이 늘어나는 것이 아니기 때문에 그날그날 할 수 있는 일을 하면 됩니다.

스웨덴에서는 아예 국가에서 이와 같은 기업을 만들었습니다. 장애인과 비장애인이 같은 곳에서 일할 수 있다는 생각으로 만든 삼할(Samhall) 기업은 장애인 고용 기업으로, 스웨덴 정부의 자회사입니다. 삼할에는 세 가지 규칙이 있습니다. '훈련된 장애인이 일반 직장으로 일정 비율 전환되게 할 것, 적어도 40% 이상은 중증장애인을 고용할 것, 이익이 생기면 회사에 7% 이상 재투자할 것'입니다. 모든 일의 유형과 성격이 개별화되어 있다는 점도 삼할의 특징입니다. 의학적 진단을 토대로 일하는 시간, 속도, 양 등을 정합니다. 모두가 같은 일을 같은 속도로 하는 게 아니라, 자신이 할 수 있는 일을 자신만의 속도로 자신이 할 수 있는 양만큼만 합니다. 국가와 마을은 이것이 가능하도록 지원을 합니다.

모든 사람은 일을 하고 싶어 합니다. 비록 할 수 있는 일이 다르고 속도가 다르지만 일을 통해 삶의 만족을 느끼고 싶어 합니다. 그것이 가능하도록 도와주는 것이 공동체입니다. 그런 공동체 안에서는 돈이 많지 않아도 경제가 순환해서 공동체를 유지할 수 있습니다.

공동체에 보이는 돈

돈이 순환하기 시작하면 일이 순환하고
일이 순환하면 사람들 간의 관계도 시작됩니다.
관계가 시작되면 서로의 문제들도 살펴보기 시작하고, 서로의 문제를
살펴보기 시작하면 서로의 문제를 해결하기 위해 노력하기 시작합니다.

"모두 일을 합니다. 이 공터만 빼고요. 저는 공터를 3,600달러
에 샀고, 6,000달러로 값이 오르면 팔 생각입니다. 제가 불로
소득을 챙기는 것은 이 공동체가 여기 있기 때문이며 또 그 공
동체 성원들이 열심히 일하기 때문입니다. 저는 일을 하지 않
고 이윤을 가져가는 겁니다. 이 문제의 해결책을 알고 싶으면
'헨리 조지'의 책을 읽으십시오."

— 《도넛 경제학》, 213쪽

공동체가 없이 일도 하지 않고 돈만 벌어서 사는 것은 가능

하지 않습니다. 공동체가 있고 공동체 성원들이 열심히 일하기 때문에 가능합니다. 공동체 안에서 일하지 않고 돈만 벌려는 것은 누군가의 노동을 착취하는 것입니다. 누군가의 노동을 착취해서 돈만 벌려는 사람이 많아질수록 열심히 일하는 것은 무식한 것이 됩니다. 누군가의 노동을 착취해서 적게 일하고 많이 버는 것이 상식이 됩니다. 이런 사회는 결국 아무도 일하지 않으려 하고 그 때문에 공동체는 무너질 것입니다.

다른 사람의 노동을 착취해 먹고사는 것은 우리 사회를 발전시키지 않습니다. 오히려 경제구조를 불평등하게 만들어 많은 이들을 경제 결핍 상태에 빠지게 하며, 결국 공동체를 유지하기 어렵게 만듭니다. 그럼 돈만 벌어서 먹고살기도 어렵게 됩니다.

소수에게 부가 집중되어 있는 공동체보다 다수에게 부가 분산되어 있는 공동체가 위기상황에 회복능력이 더 좋습니다. 모두가 함께 일해서 모두가 함께 행복한 공동체가 필요합니다.

들판에서 정성 들여 생산한 농산물, 축산물은 대부분 토트네스에서 소비된다. 런던이나 맨체스터로 나가는 것은 극히 일부분. 물론 다른 나라 수출 같은 건 생각지 않는다. 따라서 생산자와 소비자, 수요와 공급이 매일 거의 일정하다.

"여기서 돈을 벌기도 하고 쓰기도 하죠. 이곳은 돈이 지역 안에서 돌고 돌아요."

가격파동, 수입파동, 그런 농산물 파동이 여긴 없다.

— SBS 〈자연주의 마을 토트네스〉, 2008년 6월 8일

영국의 토트네스는 농업 중심의 마을입니다. 스스로 생산한 농산물로 거의 자급자족하며 살고 있습니다. 심지어 유기농법으로 농사를 짓기 때문에 생산량이 많지도 않습니다. 그런데 자급자족이 가능한 이유는 생산과 소비가 거의 일치하기 때문입니다. 특별히 수익을 올리기 위해 생산량을 늘리려고 대량생산을 하지 않기 때문에 제 때 생산해서 제 때 소비하는 구조입니다. 그러니 가격도 항상 일정합니다. 정해진 양이 있으니 더 많이 일할 필요도 없습니다. 서로 필요한 만큼 생산하기 위해 일하고 나머지 시간에는 자신이 하고 싶은 것을 하며 지냅니다. 그래서 상당히 많은 취미활동과 동아리활동이 마을에서 이뤄집니다.

이때 지역화폐가 사용됩니다. 지역 안에서 필요한 만큼의 순환이 일어나기 때문에 그만큼의 화폐만 있으면 됩니다. 지역화폐는 지역의 경제를 살리는 것이 우선이 아니라 지역의 사람을 살리는 것이 우선입니다. 생산물을 순환시키기 위해 사용하는 것이 아니라 사람의 일을 순환시키기 위해 사용됩니다. 생산물을 사고 파는 것이 목적이 아니라 사람이 일을 하게 하는 것이

목적입니다. 그것을 위해 지역 안에서만 돈이 순환하게 만든 것입니다. 돈이 지역 안에서 순환하면서 누군가의 노동력을 이끌어내는 효과가 일어납니다. 발행한 돈보다 많은 노동력이 발생합니다. 그래서 돈의 가치보다 일의 가치를 우선합니다.

오스트리아 뵈르글(Wörgl)이라는 작은 마을이 그 예다. 대공황의 영향으로 이곳은 천문학적인 액수의 부채를 짊어졌고 실업자가 넘쳤다. 인구는 4,300명, 무려 1,500명의 실업자가 있었다.(인구 : 1900년 7백, 1910년 4천3백, 2009년 1만2천) 돈이 순환되지 않고 불경기가 이어지면서 경제적 타격이 심각해졌다. 뵈르글 시장은 게젤의 이론을 적용하여, 1932년 현 화폐와 병행하여 한 달에 1%씩 가치가 줄어드는 지역화폐를 발행했다. 이 돈은 즉시 사용하지 않으면 가치가 줄어든다.

주민들은 돈을 쓰기 시작했다. 물건을 사들였다. 물건으로 돈을 번 사람도 돈을 썼다. 돈이 돌면 경제효과가 커진다. 실제로 경제활동은 몇 배로 활발해졌다. 또 돈을 빌려도 이자가 붙지 않는다. 덕분에 많은 사람이 무이자로 돈을 빌려 사업을 시작했다. 결과적으로 마을은 부채를 모두 청산했고 실업자도 사라졌다.(※ 이 사업은 오스트리아 정부가 개입해서 금지할 때까지 계속되었다.)

– 《당신이 잔혹한 100명 마을에 산다면》, 80~81쪽

실비오 게젤(Silvio Gegell)이 만든 스탬프머니(소멸화폐)는 돈의 값어치가 시간이 지나면서 줄어듭니다. 돈의 값어치가 줄지 않으면 사람들은 돈을 사용하기보다 모으려고만 합니다. 그러면 돈은 순환하지 않고 멈춥니다. 돈이 순환하지 않으면 일도 순환하지 않습니다. 일이 순환하지 않으면 경제도 활성화되지 않습니다.

대안화폐는 가난한 이들이 돈이 없어도 '상품'을 살 수 있고, 그 대가를 돈이 아닌 '노동력'으로도 갚을 수 있게 하는 시스템이다. 즉 '부'로서의 화폐가 아니라 '나눔'의 수단으로서 지역 공동체 안에서 필요한 물건과 노동력을 교환한다는 의미에서 '지역화폐'라고도 불린다.

– 《이기적 경제학 이타적 경제학》, 91쪽

돈이 순환하기 시작하면 일이 순환하고 일이 순환하면 사람들 간의 관계도 시작됩니다. 관계가 시작되면 서로의 문제들도 살펴보기 시작하고, 서로의 문제를 살펴보기 시작하면 서로의 문제를 해결하기 위해 노력하기 시작합니다. 돈을 벌지 못해도 서로의 문제를 해결해줄 수 있는 것들이 보이고 실제 해결해줄 수 있습니다. 그런 과정에서 서로의 존재이유도 발견할 수 있고 서로의 존재를 발견하면서 관계도 더욱 발전합니다.

그것이 되마크(dö-MAK)라는 독자적 경제단위를 만들어 현금을 사용하지 않고 통장상에서 물건이나 서비스를 교환하는 시스템이다. 이를 교환링이라고 부른다. 교환링은 지폐나 동전 같은 이른바 돈 대신 회원끼리 통장을 소유하면서 물건이나 서비스를 교환할 때마다 그 '가격'이나 '요금'을 정해 기입하는 시스템이다.

― 《엔데의 유언》, 219쪽

심지어 돈의 형태가 없이 통장에 기입하는 것만으로 거래를 하는 시스템까지 독일에서는 나타났습니다. 이것이 캐나다에서는 레츠(LETS, Local Exchange and Trading System)라는 시스템으로까지 발전했습니다. 돈의 순환 없이 일의 순환만으로 경제가 활성화할 수 있다는 것을 보여주는 사례입니다.

교환링은 정해진 회원들 사이에서 기존의 통화가 아니라 독자적으로 설정한 가격단위를 이용해 물건이나 서비스를 거래하는 시스템이다. 교환링에 참가하기를 희망하는 사람은 교환링의 책임자에게 신청하여 '계좌'를 개설하고 통장을 교부받는다. 참가자는 거래할 때마다 거래상대와 상담하여 서비스나 물건의 가격을 자기들끼리 정하고, 통장에 받았거나 지불한

단위를 적어 넣는다.

통장을 교부받는 것과 함께 자신이 제공할 수 있는 서비스나
물건 또는 제공을 받고 싶은 서비스나 물건의 품목을 책임자
에게 제시한다. 책임자는 회원 각자가 제시한 것들을 정리하
여 교환 리스트를 작성하고 이를 회원들에게 배포한다. 이 리
스트는 지역정보지 등에서 곧잘 볼 수 있는 '팝니다', '삽니다'
의 페이지와 비슷한 형식이다. 여기에는 품목 및 서비스의 내
용과 더불어 제공자와 희망자의 연락처가 기입되어 있다. 이
리스트를 보고 회원은 상호 필요에 따라 물건이나 서비스를
자유롭게 교환한다.

－《엔데의 유언》, 220~221쪽

교환링은 화폐 발행의 주체로 개인도 허용한다는 점이 획기적
입니다. 개인 간의 합의만 있으면 얼마든지 가격을 정할 수 있고
그것으로 거래는 이뤄집니다. 그렇기 때문에 돈을 가지고 있지 않
은 사람도 얼마든지 거래할 수 있고 경제활동에 참여할 수 있습니
다. 기초자본 없이 일뿐만 아니라 사업도 할 수 있다는 점에서 기
본소득보다 일을 보이게 하는 효과가 더 커 보입니다. 자신이 가
지고 있는 재능도 발견할 수 있습니다.

학교에 있을 때 아이들과 장터활동 중 하나로 '재능나눔장

터'를 이 시스템을 활용해서 해본 적이 있습니다. 이때 유독 눈에 띄는 아이가 있었습니다. 평소 아이들에게 자주 폭력을 행사해서 아이들과의 관계가 좋지 않은 아이였는데, 하루는 그 아이가 점프하는 법을 나누고 싶다고 하니 아이들의 반응이 무지 좋았습니다. 아이들 반응에 자신감을 얻은 아이는 친구들과 관계 맺는 좋은 방법은 폭력이 아닌 나눔이라는 것을 깨달았습니다. 평소 그 아이는 친구들보다 공부도 못 하고 산만해서 친구들에게 나눌 것이 없다고 생각해 관심을 끌기 위해 이유 없이 친구들을 건드리고 때리곤 한 것입니다. 그런데 '재능나눔장터'를 통해 자신도 친구들에게 나눌 것이 있다는 것을 알고는 아이들을 대하는 태도가 완전히 바뀌었습니다.

그런데 일반적인 장터를 해보면 돈을 모으기만 하는 아이와 엄마에게 돈을 많이 받아와서 쓰기만 하는 아이가 있습니다. 이들에게 장터는 단순히 돈을 모으거나 쓰는 곳이지 친구들과의 관계를 발전시키는 곳은 되지 못합니다. 그리고 돈을 모으기만 하는 친구 때문에 나중에는 물건을 팔지 못하는 친구가 생깁니다. 다른 친구들이 돈을 모으기만 하는 친구에게 돈을 다 쓰지만 그 모으는 친구는 돈을 쓰지 않기 때문입니다. 그만큼 돈이 한 곳에 몰려서 장터를 제대로 운영할 수 없는 상황까지 갑니다.

돈은 모으는 것도 중요하지만 어떻게 나누는지도 중요합니다. 잘만 나누면 관계도 좋아지고 사람도 살릴 수 있습니다. 자신만의 이익을 추구하면 혼자 잘살기 위해서 모으려고만 하지만, 모두의 행복을 추구하면 서로의 관계를 통해 모두가 잘살기 위해 나누려고 할 것입니다. 그래야 돈이 많지 않아도 함께 잘살 수 있는 세상이 될 것입니다.

요즘 지자체에서 지역화폐를 많이 발행하고 있습니다. 이름도 다양하고 형태도 다양하지만 대부분 일반화폐의 기능을 유지한 채 유통 범위만 지역으로 제한하고 있습니다. 일시적으로 지역경제를 보호하고 살린다는 의미는 어느 정도 실현되는 듯 보이지만 장기적으로 지역화폐의 본래 의미가 유지될지는 의문입니다. 돈의 순환을 통해 보이지 않는 일과 보이지 않는 사람을 보이게 만드는 효과는 그리 커 보이지 않습니다. 지역화폐를 할인해주는 것으로 주민의 참여율을 높이려고 하지만, 오히려 지역화폐를, 돈을 아껴 더 많은 돈을 축적하려는 대상으로 보게 만드는 것 같아 안타깝습니다. 지역화폐의 진정한 의미는 사람이 돈의 주체가 되고 일을 순환시키면서 관계형성을 촉진하는 것인데 이것이 크게 일어나는 것 같지는 않습니다.

공동체에 보이는 사람

할아버지는 동네 청년들에게 주소를 공유하고 택배를 받아주고 계셨습니다. 본인은 몸이 불편해서 못 나가지만 택배 정도는 받아줄 수 있다고 합니다. 덕분에 청년들은 주말에만 받던 택배를 주중에도 마음 편히 받을 수 있게 되었습니다.

"일을 그만두신 건가요? 이 카페를 하려고?"

"네."

"큰 결심 하셨군요."

"네. 내가 원하는 삶을 살고 싶다 생각했지요. 원하는 장소에서 원하는 사람이랑 산책도 하고 먹고 싶은 거 먹고 빵도 굽고…. 우리가 느낀 계절을 빵을 먹는 분들도 느꼈으면 해서. 여기 경치는 사실은 매일 바뀐답니다. 항상 아름답기만 한 건 아니에요."

"혼자가 아니라면 가능해요. 누군가와 함께라면 가능한 것이 있어요."

— 영화 〈해피 해피 브레드〉 중에서

하나의 문제를 해결하는 방법은 다양합니다. 여러 사람이 모여서 머리를 맞대고 다양한 의견을 나누며 해결하는 방법이 하나이고, 여러 사람에게 같은 문제를 주고 각자 해결하게 하는 방법이 또 하나일 것입니다.

그중 우리는 각자가 문제를 해결하는 방법을 많이 선택하는 편입니다. 그렇기 때문에 각자는 모든 문제를 해결할 수 있는 능력을 갖추어야 합니다. 그것이 어느 분야의 문제이든 간에 혼자 힘으로 해결할 수 있어야 합니다. 다른 사람과 연대하는 것은 무능력하다는 증거이기 때문에 절대 연대할 수 없습니다. 그런데 혼자만 문제를 해결하는 게 아니라 다른 사람들도 문제를 해결하기 때문에 그들보다 빨리 해결해야 능력 있음을 증명할 수 있습니다. 그러니 나보다 빨리 문제를 해결하는 사람이 있을까 봐 불안해합니다. 나는 10을 갖추었음에도 11을 갖춘 사람이 있을까 봐 불안해합니다. 그래서 서로 견제합니다. 나보다 능력이 낮은 사람에게는 배울 것이 없다고 생각합니다. 나보다 능력이 높은 사람에게만 배우려 하고 그러한 사람만 존중합니다.

하지만 여럿이 함께 문제를 해결하는 방법은 각자가 가진 1이 모여서 10을 만들 수 있습니다. 또한 문제를 해결하는 능력을 한 사람이 다 갖출 필요가 없기 때문에 각자 자신의 분야를 개발할 수 있고, 이것을 모으면 각자가 10을 갖출 때보다 더 큰 10을 만들 수 있습니다. 모두 다양한 능력을 갖추고 있기 때문에 서로에게 배울 수 있습니다.

모두가 같은 10을 갖춘 사람이 10명이 있으면 그 집단은 10을 갖춘 것입니다. 모두가 다른 1을 갖춘 사람이 10명이 있으면 그 집단도 10을 갖춘 것입니다. 하지만 100명이 모이고 1,000명이 모이면 다릅니다. 같은 10을 갖춘 사람이 100명이 되고 1,000명이 모여도 그 집단은 여전히 10을 갖춘 것이지만, 다른 1을 갖춘 사람이 100명이 되고 1,000명이 되면 그 집단은 100이 되고 1,000이 됩니다. 많은 사람이 모일수록 그 능력이 더 커집니다.

모두가 같은 것을 배우고 모두가 같은 일을 하려고 하는 지금의 사회에서는 나이를 먹어 일을 그만두는 시점에 이르면 모두가 머리를 쓰는 비슷한 능력을 지니고 있습니다. 그래서 젊은 사람에게만 기회가 주어져서 할 일이 없어집니다. 마을에서 보이지 않는 사람이 됩니다. 모두가 같은 문제에 빠집니다.

그런데 그 시점에 문제를 해결하기 위해 하는 일도 같은 것들입니다. 다시 모두가 같은 자격증을 따려고 하거나 임금은 적지만 별다른 기술이 없어도 할 수 있는 일을 찾습니다. 심지어 여가를 즐기는 것도 비슷합니다. 공원에 가거나 산에 가거나 낚시를 하는 정도입니다. 그러니 다양한 생각이 나오기 어렵습니다. 다양한 해결방법이 나오기 어렵습니다. 다들 같은 문제에 같은 방식의 해결방법을 떠올립니다.

공동체가 커지면 커질수록 구성원 간의 문제는 점점 많아지고 다양해집니다. 능력 있는 한 사람이 문제를 해결하기보다 다소 부족하더라도 여러 사람이 모여서 해결할 수 있는 사회가 되도록 하려는 노력이 필요합니다. 문제를 해결할 수 있는 능력을 평가하기보다 문제를 함께 해결하려는 자세를 평가할 수 있어야 합니다.

2018년 서울시 양천구 신월동의 '50스타트센터'에서 강의 의뢰가 와서 갔습니다. 그런데 센터 이름이 '50플러스센터'와 비슷해서 의미를 여쭤봤습니다. 서울시에서 50대 독거남이 가장 많은 동이 신월동이고 무려 4,300명이나 되는데 그들에게 아무런 서비스를 해주지 않고 있어서 그들에게 멘토링 사업을 하려고 만든 곳이 '50스타트센터'라고 센터 담당자가 설명해주었습니다.

퇴직한 50대 독거남들은 마을에서 어느 누구와도 관계 맺거나 소통하기가 어렵습니다. 일이 없이 혼자 방에서 지내다가 담배라도 사려고 나갈라치면 여자아이를 둔 동네 엄마들에게는 접근하기 어려운 정도가 아니라 예비 성범죄자 취급을 당하기도 합니다. 마을에서 철저히 고립되고 소외되고 보이지 않는 사람이 되어가고 있습니다. 그러다 극단적인 선택이라도 하면 마을에도 큰 문제가 될 수 있습니다. 그들을 마을에서 보이도록 하는 것이 필요합니다.

세상에는 일을 할 때 만나게 되는 사람으로 두 부류가 있습니다. 그런데 그것을 나누는 기준에 따라 마을에서의 삶이 전혀 달라집니다.

첫 번째 기준은 아는 사람과 모르는 사람입니다. 이 기준에 따르면 새로운 관계를 인정하기보다 거부할 확률이 높아집니다. 특히 새로운 사람을 일에서 만나게 되면 관계를 맺기보다 일을 하는 대상으로만 봅니다. 선생님이 학생들을 만났을 때, 사회복지사가 수혜자나 봉사자를 만났을 때, 공무원이 주민들을 만났을 때 등 자신의 일을 통해 만난 사람이지 관계 맺을 사람이 아니라고 생각합니다. 그럼 정말 일만 하고 끝나는 관계가 됩니다. 특히나 요즘은 일하는 곳과 사는 곳이 다르기 때문에 이런 기준을 가지고 일을 하면 일하며 만난 사람과 관계 맺을 이유를 찾을 수 없습니다.

두 번째 기준은 아는 사람과 알아갈 사람입니다. 이 기준에 따르면 내가 알고 있는 사람과 앞으로 만나는 대부분의 사람은 알아갈 사람이기 때문에 열린 자세로 관계를 맺으려 합니다. 세상에 태어나면서부터 알고 있는 사람은 부모밖에 없기 때문에 모든 사람이 알아갈 사람입니다. 그래서 일을 통해 만난 사람일지라도 관계 맺는 것을 주저하지 않습니다. 그렇기 때문에 관계를 기반으로 함께 살아갈 것을 고민합니다.

마을에서도 마찬가지입니다. 특히나 요즘은 거주하는 곳과 일하는 곳이 다른 경우가 많습니다. 그러면 잠자는 곳에서 만나는 사람은 아는 사람이고 일하는 곳에서 만나는 사람은 모르는 사람이 될 수도 있습니다.

수혜자의 입장에 있는 분들도 주는 사람을 모르는 사람으로 보느냐, 알아갈 사람으로 보느냐에 따라서 전혀 다르게 관계를 맺습니다. 마을 안에서 외로움을 느낀다 해도 주는 사람을 모르는 사람으로 보면 관계 맺으려 하지 않습니다. 하지만 알아갈 사람으로 보면 새로운 만남 속에서 관계를 맺으려 하고 마을의 일원으로서 함께 살려고 노력합니다. 그저 받기만 하는 사람이 아니라 함께 주고받는 관계를 만들려고 노력합니다. 그렇게 되면 눈에 보이지 않던 사람들이 보이기 시작하고 주고받는 관계를 넘어서 함께 일을 할 수도 있습니다.

앞서 얘기한 '50스타트센터'의 사업 중 하나가 '나비남(나는 혼자가 아니다) 프로젝트'입니다.

"조용식 씨 역시 나비남입니다. 사업실패에 사기까지 당해 가족과 떨어져 10년 넘게 혼자 살았다는 조 씨, 나비남 프로젝트에 참여하면서 최근 영화감독으로 변신했습니다. 스마트폰으로 영화 찍는 법을 배워 감독과 각본, 촬영에 주연까지 맡았다는데요.

'시나리오를 준비하는 과정에서 이제 하나씩 보기 시작한 거예요. 쓰다 보니까 나한테 이런 모습이 있었네.'(조용식, 52세)

조 씨가 영화발표회장에 섰을 때 떠올렸던 건 아들의 얼굴이었다고 합니다.

'아들에게 참석해줬으면 좋겠다고 이야기할 때 이 영화를 아들에게 주고 싶었어요.'

잇따른 실패로 사회에서 단절되고 복지의 사각지대에서 가족도 건강도 잃은 이들은 고독사의 가장 큰 비중을 차지하는 50~60대 남성이기도 한데요.

'완전히 자포자기한 상태였죠. 3일 후에 깨어나서 보니까 소주를 43병 마셨더라고. 전화가 와도 폰을 잡을 수 없을 정도로.'(임명권, 61세)

이렇게 살고 있는 나비남 4백여 명을 찾아내 치료와 문화 활동까지 참여하게 만든 건 자치구의 꾸준한 노력의 결과였습니다.

'세탁소 운영하는 사장님, 통장님들, 옆집에 사시는 집주인, 이

런 분들이 주위에 혼자 사시는 분이 있다고 하면 좀 관심을 갖고…'(김미성, 서울 양천구청 복지정책과)

그리고 이제 나비남들은 도움을 받는 데 그치지 않고 남을 돕겠다고 나서고 있다는데요. 혼자 쓸쓸히 죽음을 맞았을지도 모를 이들이 새 삶을 찾아 다시 훨훨 날 수 있기를, 이웃들에 대한 관심과 정책이 나비처럼 날아가 더 넓게 퍼져 나가기를 기대합니다."

– 〈MBC 뉴스투데이〉, 2018년 6월 20일

눈에 보이지 않던 사람들이 주변에서 함께 사는 사람들의 작은 관심 덕분에 당당하게 남을 돕는 사람이 될 수 있었습니다. 보이지 않던 사람을 보이지 않는 일을 통해 보이는 사람으로 만들었습니다. 사람이 보이면 보이지 않던 일도 볼 수 있게 됩니다. 돈이 많아야 할 수 있는 일이 아닙니다.

몇 년 전 타임뱅크 코리아의 손서락 대표와 만난 자리에서 구미의 한 사례를 인상 깊게 들었습니다. 혼자 살며 몸이 불편해서 집 밖에 나가지 못하시는 할아버지가 동네에서 봉사를 하신다는 것입니다. 혼자 살면서 몸이 불편해 아무것도 할 수 없을 것 같은 노인이 무슨 봉사를 할까 아무리 생각해봐도 도저히 떠오르지 않았습니다.

알고 보니 할아버지는 동네 청년들에게 주소를 공유하고 택배를 받아주고 계셨습니다. 본인은 몸이 불편해서 못 나가지만 택배 정도는 받아줄 수 있다고 합니다. 덕분에 청년들은 주말에만 받던 택배를 주중에도 마음 편히 받을 수 있게 되었습니다. 할아버지도 택배가 올 때마다 문을 열어주러 움직이다 보니 건강도 좋아지고 사람들과 이야기를 나누다 보니 삶의 활력소가 생겼다고 합니다. 또 청년들이 저녁에 물건을 찾으러 오니 할아버지는 하루 종일 사람들을 만날 수 있어서 좋다고 합니다. 심지어 택배기사가 벨을 눌렀는데 반응이 없으면 구청 복지과에 신고도 할 수 있다고 합니다.

돈이 오가지 않으면서 할아버지는 봉사도 하시고 건강도 좋아지고 관리도 받을 수 있게 됐습니다. 평소 보이지 않던 할아버지가 마을에서 보이기 시작했습니다. 청년들도 택배 때문에 시작한 일이지만 할아버지와 계속 만나면서 관계를 쌓으니 외로움이 조금은 줄어드는 효과가 있었습니다. 마을에서 서로 보이지 않던 사람들이 서로를 알아보게 됐습니다.

우리나라 인구가 5,100만 명인데 그중 26%가 1인 가구입니다. 그중 상당수가 노인이나 청년입니다. 그런데 하루 종일 누구하나 이야기할 사람이 마땅치 않습니다. 분명 마을에 살고는 있는데 존재감이 없습니다. 이런 보이지 않는 사람들을 보이게 만들어야 합니다. 그런데 그것은 돈으로 할 수 있는 것이 아닙니다. 돈을 들여 사람을 고용하고 일을 시킨다고 한들 저녁이 되어 자기 동네로 가버리고 나면 남는 것은 혼자 사는 사람들입니다. 그들이 사는 곳에서 함께 사는 사람들과 관계를 맺을 수 있어야 합니다. 그러기 위해서는 나눔을 통한 관계맺음이 필요합니다.

주는 사람과 받는 사람

그냥 동네 이웃들이 친해지고 마을에서 함께 살아가는 내용만 들어가면
안 됩니까? 뭔가 남을 돕는 것이 마을을 만드는 것입니까?
남을 돕겠다는 것은 이웃을 만들겠다는 것이 아니라
그들을 대상화하고 이웃으로 인정하지 않는 것입니다.

헌혈자와 수혈자의 관계를 상업적인 관계로 만드는 것은 자발
적으로 헌혈하려는 사람들의 이타주의를 억누르게 될 뿐이다.

– 《이기적 경제학 이타적 경제학》, 110쪽

나눔을 주는 사람과 받는 사람으로 구분하고 그 사이에 자본
이 개입하면 주는 사람은 그 본래의 순수한 이타성이 희미해집
니다. 선물의 의미로 시작했던 일이 거래가 되기 때문입니다. 받
는 사람도 고마운 마음으로 받았던 것이 상대가 대가를 받는 순
간 당연히 받아야 할 것으로 생각합니다. 그렇기 때문에 서로에

대한 관심이나 이타성보다는 거래 행위에 집중합니다.

주는 사람의 재능이 돈으로 거래가 되면 평가대상이 되고 돈의 값어치로 호환되어 나름의 가격이 매겨집니다. 이는 그만한 가치가 없다고 생각하는 사람의 나눔을 막는 결과가 됩니다. 또한 재능이 없거나 시간이 없는 사람은 돈으로 기부함으로써 그만큼의 나눔을 했다는 만족감을 느끼게 됩니다. 상대가 없는 단순한 거래만 남게 됩니다. 우리 사회가 몸으로 하는 봉사는 줄고 기부가 늘어나는 이유이기도 합니다.

마을공동체 공모사업에 지원한 사람들은 취약계층을 돕겠다는 내용을 강조합니다. 취약계층을 돕지 않으면 마을만들기 사업이 아닌 것처럼 말입니다. 이는 평가기준에 이미 누구를 어떻게 도울 것인가가 포함되어 있기 때문이기도 합니다. 동료평가에서도 이런 내용이 없는 팀에게 가장 낮은 점수를 주는 것으로 보아 그런 인식이 팽배한 것 같습니다.

그냥 동네 이웃들이 친해지고 마을에서 함께 살아가는 내용만 들어가면 안 됩니까? 뭔가 남을 돕는 것이 마을을 만드는 것입니까? 남을 돕기만 하겠다는 것은 이웃을 만들겠다는 것이 아니라 그들을 대상화하고 이웃으로 인정하지 않는 것입니다.

남을 돕는 것이 착한 것이라는 인성교육을 너무 많이 받아서 그런 것입니까? 그냥 우리끼리 잘 살면 안 됩니까? 그 우리에 그들이 포함되면 안 됩니까? 무언가 취미활동으로 배우고 만들어서 판 돈으로 꼭 불쌍한 사람들을 도와야만 하는 것입니까? 그냥 우리끼리 잘 사는 데 쓰면 안 됩니까? 거기에 이웃들이 점점 다양해지고 넓어지는 것이 더 나은 거 아닙니까?

나눔에 있어 주는 사람과 받는 사람을 구분하는 것도 부적절하지만 돈을 개입시키는 것은 더 부적절합니다. 관계지향 나눔이 아닌 행위지향 나눔이 됩니다. 마을을 오히려 분리하고 파괴하는 영향을 미칩니다. 마을 안에서 나눔이 자연스럽게 이루어지려면 주는 사람과 받는 사람의 경계가 느슨해져야 하며 나눔 행위에 자본이 개입되는 것을 차단해야 합니다. 오히려 그들이 모여 있는 공동체를 활성화하는 데 자본을 투입하는 것이 더 낫습니다.

> 커뮤니티(comunity)라는 말은 com과 munus에서 유래한 말로 전자는 '서로'를, 후자는 '선물'을 의미한다. 즉 서로 주고받는 관계를 뜻한다.
>
> – 《엔데의 유언》, 176쪽

서로 선물을 주고받는 관계는 일방적이지 않습니다. 선물은 물건이 목적이 아니고 관계가 목적입니다. 거래가 아닌 선물은 내가 주는 것과 같은 가격이나 같은 가치를 지닌 물건을 가지지 않은 사람과도 주고받을 수 있습니다. 그래서 가지고 있지 않은 사람도 받을 수 있습니다.

주는 사람과 받는 사람이 분리되는 것이 아니라 누구나 주고받을 수 있습니다. 누구나 나눔의 주체가 되는 것이 커뮤니티입니다. 지금처럼 주는 사람과 받는 사람이 분리된 것은 커뮤니티가 아니라 공간만 공유하는 것입니다. 마을만들기 사업이 아니라 커뮤니티 회복사업이 되어야 합니다.

주는 사람과 받는 사람을 구분하는 마을에는 주는 사람과 받는 사람만 있습니다. 주고받는 사람이 없습니다. 주는 사람은 주기만 하고 받는 사람은 받기만 합니다. 주는 사람은 돈이 있어야 주고, 받는 사람은 돈이 없어야 받습니다. 그래서 사람을 만나기 위해서는 돈이 중간에 있어야 한다고 생각합니다. 돈이 없으면 주는 사람과 받는 사람이 만날 수가 없습니다. 관계를 돈으로만 맺으려 합니다. 그러다 만약 주는 사람이 줄어들고 받는 사람이 늘어나면 그 마을은 주는 사람보다 받는 사람이 더 많아서 더는 유지하기가 어렵습니다. 마을은 돈으로 유지하는 것이 아니라 관계로 유지하는 것입니다. 나눔은 돈이 아닌 관계가 우선해야 합니다.

주고받는 마을을 만들려면 보이지 않는 일, 돈, 사람이 보이도록 해야 합니다. 더불어 개인적 공감을 넘어 사회적 공감을 할 수 있어야 하며 사회적 자존감을 높일 수 있어야 합니다.

개인적 공감에서 사회적 공감으로

태어나면서부터 자연스럽게 나누는 문화 속에서
자연스럽게 나눌 수 있는 사회 문화가 필요한 때입니다.
개인적인 공감에만 의존하는 것이 아니라 사회적인 공감으로
개인의 노력 없이도 나눔이 가능한 사회를 만드는 것입니다.

인류가 적어도 세 가지 뚜렷이 구별되는 도덕의 지배를 받았
다는 점이다.

첫째는 간단히 말해 친족과 친구에 대한 특별한 공감을 중심
으로 조직된, 대형 유인원 일반의 협력 성향이다. 불타는 집에
서 내가 제일 먼저 구하는 사람은 생각할 필요도 없이 자식이
나 배우자다.

둘째는 내가 특정한 상황에서 특정한 개인들에게 특정한 책임
을 갖는 협동의 공동 도덕이다. 내가 다음으로 구하는 사람은
지금 불을 끄기 위해 협동하고 있는 같이 불을 끄는 사람이다.

셋째는 해당 문화집단의 모든 성원이 동등한 가치를 갖는, 문화규범과 제도의 비인격적인 집단적 도덕이다. 나는 이 화재에서 집단의 다른 동료들을 모두 동등하고 불편부당하게 구하며, 다만 아마 우리 중에서 가장 약한 사람들에게 특별히 관심을 기울일 것이다.

– 《도덕의 기원》, 23쪽

사람이 누군가를 돕는 행위를 진화론으로 풀이하고 있는 마이클 토마셀로는 사람의 협력을 두 가지로 구분합니다. 하나는 공감의 협력이고, 또 하나는 공정의 협력입니다. 공감의 협력이 순수한 협력이라면 공정의 협력은 경쟁을 위한 협력이라고 합니다.

이를 단계별로 살펴보면, 우선은 자신과 관계가 있는 친척이나 친구 등 순수한 관계를 맺고 있는 사람들과 협력하는 단계이고, 그 다음은 관계는 없지만 공동의 지향점을 가지고 있는 사람과 협력하는 단계이고, 마지막은 관계도 없고 공동의 지향점도 없지만 집단을 유지하기 위한 집단의 지향점을 가진 사람들과 협력하는 단계입니다. 개인에서 쌍방으로, 쌍방에서 집단으로 진화한다는 것입니다.

이에 따라 도덕도 공감의 단계에서 공동의 단계로 넘어가다 집단의 단계로 넘어간다고 합니다. 첫째 단계를 공감으로, 둘째

단계를 협동으로, 마지막 단계를 문화로 구분하고 있습니다. 그러니까 공감과 협동은 개인의 필요에 의해 생겨나지만 문화는 태어나는 순간부터 학습되는 것으로 본 것입니다.

이 이론대로라면 나눔도 나누는 주체와 목적에 따라 동정이나 공감의 나눔에서 출발해 서로의 목적을 위해 나누는 단계를 거쳐 태어나면서부터 학습되는 집단의 나눔으로 이어진다고 볼수 있을 것입니다.

현재 우리나라는 동정이나 공감에 의한 나눔에만 집중하는 경향이 있습니다. 최근 들어 마을공동체 운동이 일어나면서 협동에 의한 나눔이 조금씩 생기고는 있지만 문화로서의 자연스러운 나눔은 과거 선조들에 비해 드러나지 않고 있습니다. 아마도 그래서 교육이 필요하지 않을까 생각합니다.

태어나면서부터 자연스럽게 나누는 문화 속에서 자연스럽게 나눌 수 있는 사회 문화가 필요한 때입니다. 개인적인 공감에만 의존하는 것이 아니라 사회적인 공감으로 개인의 노력을 넘어 나눔이 가능한 사회를 만드는 것입니다. 그러기 위해서는 개인의 자본보다는 사회적자본이 더 많아져야 합니다. 태어나면서부터 사회적가치를 몸으로 익히게 되면 개인자본에 의존하지 않고도 얼마든지 나눌 수 있습니다.

함께사니즘

세대는 순환하기 때문에 어느 한 세대의 이익만을 대변해서는 안 됩니다.
모든 세대가 머리를 맞대고 함께 해결할 수 있는 방법을
모색해야 합니다. 그래야 자신이 그 세대가 됐을 때
주체적으로 인정하고 문제를 해결할 수 있습니다.

평균수명 60세인 과거에는 20세부터 60세까지 30~40년
을 일하고 10~20년을 돌봄을 받았습니다. 평균수명이 83세인
지금은 30세부터 60세까지 20~30년을 일하고 30~40년을
돌봄을 받습니다. 평균수명이 100세가 되는 미래에는 30세부
터 60세까지 20~30년을 일하고 50~60년을 돌봄을 받아야
합니다.

과거에는 자신이 일해서 스스로의 삶을 책임지고도 남았다
면 지금은 자신이 일한 기간과 돌봄을 받아야 하는 기간이 비슷
해졌습니다. 스스로 책임지기에는 노년이 길어졌습니다. 더구나

평균수명 100세가 되는 미래에는 자신이 일한 기간보다 훨씬 많은 기간을 돌봄을 받아야 합니다.

쉽게 이야기하면 혼자 자신의 노년을 책임질 수 있던 시대에서 점점 혼자 자신의 노년을 책임지기 어려운 시대로 변하고 있습니다. 자신이 아무리 열심히 일을 했다고 해도 일한 기간보다 많은 기간을 돌봄을 받아야 하기 때문에 혼자 삶을 살 수 없는 시대가 오고 있습니다.

주는 기간보다 받는 기간이 길어지고 있습니다. 평균수명이 길어지면서 일을 해서 세금을 내는 사람보다 일을 하지 않고 세금을 받는 사람이 더 많은 시대가 되고 있습니다. 이제는 받는 것이 부끄러운 일이 아닌 시대입니다. 이것은 개인의 책임이 아닙니다.

일하지 않고 받기만 하는 빈민과 적게 일하고 많이 받는 사람들이 점점 늘어나고 있습니다. 그렇기 때문에 주기만 하는 것과 받기만 하는 것을 경계해야 합니다. 누구나 주고받을 수 있어야 합니다.

개인이 혼자 책임질 수 없는 상황이기 때문에 공동체나 국가의 책임이 커질 수밖에 없습니다. 그래서 마을의 의미는 더 커질 수밖에 없습니다. 건강하게 노인이 되어도 힘든 상황인데 건강하지 않게 노인이 되면 더 힘든 상황이 됩니다. 이를 한 개인이 해결할 수 있다고 생각하는 것은 무리수일 뿐입니다.

시대에 맞게 개인과 공동체가 할 일을 찾아야 합니다. 서로 함께할 수 있는 일을 찾아야 합니다. 하지만 관계에 기반을 두지 않는 일은 서로 간에 경쟁과 오해만 남길 뿐입니다. 관계를 기반으로 소비적이지 않은 해결방법을 찾아야 합니다.

"베이브 루스가 누구예요?"

"세상에서 제일 위대한 스포츠맨이지. 너 몇 살이냐?"

"아홉 살이요."

"아홉 살인데 베이브 루스가 누군지 몰라?"

"할아버지는 몇 살이죠?"

"여든일곱 살."

"드레이크가 누군지 알아요?"

"누구?"

"비겼죠?"

— 영화 〈해피엔딩 프로젝트〉 중에서

수명이 길어져서 두 세대나 세 세대가 같이 살아가는 시간이 점점 길어지고 있습니다. 그러니 어른 세대가 아이 세대를 돌보고 사라지던 시대에서 아이가 자라서 노인이 된 어른 세대를 돌보는 시대가 오고 있습니다. 앞에서 살펴본 50대 독거남의 현상도 그런 예가 되겠습니다. 개인이 알아서 살라고 하기에는 세대 간의 책임이 느껴지는 부분입니다.

수명이 길어지면서 노인들이 살아가는 데 필요한 노후자금은 점점 더 많아지고 있습니다. 하지만 이를 노인 세대만이 책임질 수 없는 상황입니다. 오래 사는 것도 문제지만 그에 따른 각종 질병과 치매에 들어가는 비용이 너무나도 커지고 있기 때문입니다. 그래서 개인 비용이 아닌 사회적 비용에 대한 이해와 합의가 필요합니다.

그런데 대부분 또래끼리만 살기 때문에 다른 세대의 고민을 알지 못합니다. 다른 세대의 고민을 모르니 앞으로 어떤 문제가 다가올지 예측하기가 어렵습니다. 예측을 못 하고 모르니 세대 간에 서로 합의하기가 어렵습니다. 또한 마을의 역할이 예전 같지 않기 때문에 개인이 해결해야 할 문제가 많아지고 있는데 정작 해결할 능력은 점점 줄어들고 있습니다. 점점 특정 세대는 고립되고 아무것도 할 수 없는 상황으로 가고 있습니다.

세대 간의 갈등은 점점 심해질 텐데 이를 싸워서 해결할 가능성은 거의 없습니다. 어른 세대의 경제적 능력과 권위는 점점 더 떨어질 것이고 이는 누가 힘으로 이긴다고 해서 해결될 문제가 아니기 때문입니다. 그렇다면 서로 소통하고 공감하면서 협력해야 해결할 수 있습니다. 정부기관이든 복지기관이든 특정 세대의 이익을 대변하기보다는 통합적인 사고가 필요합니다. 세대만의 문제만 부각시키면 세대별로 필요한 비용만 늘어납니다. 그 역시 특정한 한 세대의 희생으로 채워질 수밖에 없습니다. 세대별로 먹고사니즘보다 모든 세대의 함께사니즘이 필요합니다.

아무런 노력도 하지 않고 다른 세대의 생각을 알기는 어렵습니다. 세대 간의 언어가 다르고 문화가 다르고 관심사가 다릅니다. 그렇기 때문에 서로 소통해야 합니다. 그래야 서로 뭐가 다른지 알게 되고 오해가 생기지 않습니다. 세대는 순환하기 때문에 어느 한 세대의 이익만을 대변해서는 안 됩니다. 모든 세대가 머리를 맞대고 함께 해결할 수 있는 방법을 모색해야 합니다. 그러니 세대 간의 문제에 대해서 소통하고 공감해야 합니다. 문제로 보지 말고 충분히 합의하는 과정이 필요합니다. 그래야 자신이 그 세대가 됐을 때 주체적으로 인정하고 문제를 해결할 수 있습니다.

"이 나라에 혼자 힘으로 부자가 된 사람은 없습니다. 단 한 명도 없죠. 당신이 어딘가에 공장 하나를 지었다고 합시다. 당신에게는 잘된 일이죠. 하지만 이 점을 확실히 해두고 싶어요. 당신은 다른 사람들이 비용을 댄 도로를 이용해 당신 공장에서 생산한 물건을 시장으로 운송합니다. 또한 다른 사람들이 교육한 노동자들을 고용하죠. 당신 공장이 안전한 것은 다른 사람들에게서 임금을 받는 경찰과 소방대원 덕분입니다. 당신은 약탈자들이 당신 공장에 와서 생산품을 강탈해갈까 봐 걱정하지 않아도 됩니다. 자, 봅시다. 당신은 공장 하나를 지었고, 감사하게도 그 일은 정말 좋은 아이디어였죠. 그 수익을 가지세요. 하지만 사회계약의 근본은 당신이 이익을 취하고, 그 이익으로 다음 세대를 위해 선행을 베푸는 것입니다." (엘리자베스 워렌, 미국 상원의원)

― 《자본주의가 대체 뭔가요?》, 18~19쪽

사람은 함께 살아감으로써 누리는 것들이 분명 매우 많습니다. 그렇기 때문에 그것을 누리는 사람들은 누리는 만큼 나눌 수 있어야 합니다. 그래야 누릴 수 있는 것이 돌고 돌아 자신에게 돌아옵니다. 또한 다음 세대에게도 나눌 수 있어야 합니다. 그것이 누리는 사람의 책임입니다. 그래야 공동체를 유지할 수 있습니다.

사회적 자존감을 높이자

마을에서 개인의 자존감을 존중받는 것도 중요하지만
사회적 자존감을 존중받는 것도 중요합니다. 사회적 자존감이란
마을에서 개인들끼리만 서로를 존중하는 것이 아니라
마을 전체가 나를 존중해주는 것입니다.

중학생 때 가장 받고 싶었던 선물은 휴대가 가능한 카세트 플레이어인 '마이마이'였습니다. 전축이나 큰 카세트로 같이 듣는 게 아니라 나 혼자 내가 듣고 싶은 음악을 맘껏 들을 수 있었으니까요. 아마도 그 시점부터 혼자서 무언가를 하는 것이 유행이 되었던 것 같습니다.

실제로 1980년대에 'X세대'라는 용어를 만든 것도 한 기업의 마케터였습니다. 당시 저와 같은 청소년들에게는 교복 대신 아버지의 기지바지를 입는 것이 폼 나는 것이었기 때문에 새로 나온 청바지를 사려고 하지 않았습니다. 그런데 X세대라는 말이

나오면서 아버지 바지를 입는 것은 전혀 X세대다운 것이 아니게 되었습니다. 아버지 세대가 들고 다니던 카세트 플레이어도 마찬가지였습니다. 세대 간의 분리를 통해 소비를 창출하려는 의도가 있었습니다.

그렇다면 기업은 사람들이 모여 있는 것을 원할까요, 흩어지는 것을 원할까요? 과거에 동네에 TV가 하나밖에 없을 때는 온 동네 사람들이 그 집에 모여서 TV를 시청했습니다. 그러다 집집마다 TV가 생기면서 더 이상 동네 사람들이 TV를 보기 위해서 모이는 일은 없어졌습니다. 그리고 방 하나에 모여 살 때는 TV가 하나만 있었기 때문에 온 가족이 모여서 TV를 봤지만, 방이 많아지면서 방마다 TV가 생겼고 그러면서 더 이상 TV를 보기 위해 모일 필요가 없어졌습니다.

이런 현상은 TV뿐만 아니라 자동차나 냉장고, 컴퓨터의 경우에도 마찬가지로 나타납니다. 같이 쓰던 것에서 점점 혼자 쓰는 것으로 변하고 있습니다. 오히려 과거에는 공유경제가 삶이었다면 지금은 억지로 공유해야 하는 시대가 되었습니다. 기업은 사람들이 흩어지면 흩어질수록 새로운 매출이 발생합니다. 그런데 문제는 소비자들이 흩어졌기 때문에 그런 제품을 만드는 경우도 있지만 의도적으로 그런 제품을 만들어 마케팅을 하면서 사람들이 흩어지게 되는 경우가 늘고 있다는 것입니다.

이를 통해 기업의 수익은 커질 수 있지만 개인은 자신의 욕구와는 관계없는 것들을 사용하기도 하고 공동체에서 누리던 여러 가지 것들을 누리지 못하고 혼자 해결해야 하는 부작용도 생깁니다. 어차피 고성장시대에 맞는 대량생산이 어려워지고 있는 상황에서 저성장시대에 알맞은 방식으로 기업도 변해야 합니다. 요즘 새롭게 부각되고 있는 메이커스도 대안이 될 수 있을 것입니다.

어찌 보면 사람들이 모여 있는 공동체보다도 그들을 흩어지게 해서 얻는 이익을 더 중요하게 여기는 경향이 있습니다. 그렇게 흩어진 공동체를 다시 모으기 위해서 관공서에서는 마을만들기라는 명목으로 돈을 지출하고 있으니 아이러니한 일입니다.

한국의 현재 인구는 5,100만 명입니다. 그중 절반인 2,500만 명이 서울과 수도권에 삽니다. 전체 인구 중 1인 가구가 20%가 넘고, 그중 상당수가 노인과 청년들입니다.

노인 1인 가구는 대부분 오랫동안 그 지역에서 살다가 혼자가 되신 분들이지만 청년들은 다릅니다. 대부분 지방에서 학교나 직장을 구하려고 온 것입니다. 특히나 대학을 졸업하고 정규직이 되지 못한 청년들은 다시 고향으로 내려갈 수도 없습니다. 그래서 먹고는 살아야겠기에 아르바이트를 하면서 고시원이나 원룸에서 근근이 먹고삽니다.

이들은 하루 8시간의 근무를 마치고 갈 곳이 없습니다. 대학

졸업 후 취업 여부에 따라 친구들을 만나지 못하기도 합니다. 그렇다고 이웃이 있는 것도 아닙니다. 학교 외에는 어떤 조직에도 속한 적이 없습니다. 그래서 이들은 PC방이나 숙소에서 나머지 시간을 보냅니다. 오히려 근무시간에 만나는 사람이 전부인 경우가 많습니다.

앞으로 정규직이 될 희망이 있는 것도 아니고 사람을 특별히 더 만날 수 있는 것도 아닌 이들에게 하루하루는 버티는 과정일 뿐입니다. 그러다 노인이 되면 더는 일도 할 수 없게 되어 복지수혜자로 전락해버립니다.

마을에는 이렇게 새로운 빈곤층으로 떨어지는, 홀로 사는 사람들이 매우 많아지고 있습니다. 그런데 그에 대한 대책은 미미하기만 합니다. 어차피 이들에게 사회적 비용은 발생할 수밖에 없습니다. 그렇다면 그 비용을 개인에게 맡기기보다 사회적으로 적절하게 해결할 수 있도록 유도하는 것이 필요합니다.

서로를 인지할 수 있는 구조만 만들어져도 서로에게 필요한 것들을 나눔으로써 사회적 비용을 상당히 줄일 수 있을 것입니다. 이제는 나와 관계없는 사람으로만 보기에는 각자가 부담해야 할 사회적 비용이 만만치 않습니다. 이번 코로나19 현상을 봐서도 알 수 있듯이 나만 조심한다고 되는 것이 아닙니다. 나와 관계없는 사람의 감염이 나에게도 영향을 미칠 수 있기 때문에 나 혼자만 나눈다고 되는 것이 아니라 사회 전체가 서로를 관계된 사람으로 인정하고 나눌 수 있어야 합니다. 그렇지 않고 자신의 이익만을 위해 행동한 사람들로 인해 발생하는 비용은 실로 어마어마합니다.

양적 성장을 통한 자본으로 해결하는 게 아니라 질적 성숙을 통한 관계로 해결할 수 있어야 합니다. 개인자본이 아닌 사회적 자본으로 해결할 수 있어야 합니다. 그러기 위해서는 사람을 중심으로, 사회적가치를 기본으로, 관계를 통해 사회적 비용을 줄여야 합니다. 그럼 굳이 비용에 대한 지출을 늘리지 않아도 됩니다.

마을에서 개인의 자존감을 존중받는 것도 중요하지만 사회적 자존감을 존중받는 것도 중요합니다. 사회적 자존감이란 마을에서 개인들끼리만 서로를 존중하는 것이 아니라 마을 전체가 나를 존중해주는 것입니다.

사회적 자존감을 높이는 방법 가운데 하나는 마을이라는 공간이 나를 존중해주는 것입니다. 한 개인으로서 마을이라는 공간에서 부여받을 수 있는 자존감이 있습니다. 이때 자존감의 두 유형인 자아가치감과 자아효능감 중 어느 것을 더 존중하느냐에 따라 나의 사회적 자존감이 달라집니다. 자아가치감은 나의 가치를 존중하는 것이고, 자아효능감은 나의 능력을 존중하는 것입니다.

과거의 공간들이 사람의 가치를 높이는 것에 신경을 썼다면 요즘은 공간을 조성함에 있어 사람의 쓸모나 공간의 쓸모에만 신경을 씁니다. 예를 들어 마을에 도로를 만들 때 사람의 가치를 존중한다면 교통사고가 덜 나도록 하거나 보행자가 안전하고 편리하도록 해야 하는데 요즘은 자동차의 쓸모에 맞게 만듭니다. 사람의 가치보다는 사람의 능력이나 쓸모에 더 초점을 맞추는 것입니다. 건물의 경우도 마찬가지입니다. 사람의 가치를 존중한다면 장애인 시설, 사람을 위한 편의시설이 많아야 하는데 그보다는 효율성이나 가성비에 더 신경을 씁니다. 고성장시대에는 그렇게 함으로써 손해보다 이익이 많았지만 저성장시대에는 그렇지도 않습니다. 오히려 당장은 이익이지만 이후에 발생하는 문제를 해결하는 데 들어가는 비용이 더 커집니다.

최근에 대두되는 학교 공간의 문제도 비슷합니다. 학교를 지을 때 그 공간에 머무는 사람의 가치를 존중하는 것이 우선이 아니라 가성비가 우선이어서, 교도소보다 건축비가 낮고 다양하지 못하며 획일화되고 있습니다.

마을에서 사회적 자존감을 느낄 수 있으려면 도시계획 때부터 사람의 가치를 존중하는 방향으로 가야 합니다. 쓸모는 그 다음입니다. 도시재생도 그런 철학으로 진행해야 합니다.

사회적 자존감을 높이는 방법 또 하나는 마을 구성원들 간의 관계에서 내가 존중받는 것입니다. 마을에서 사회적 자존감이 높아지려면 공간에 대한 고려도 중요하지만 관계에 대한 고려도 중요합니다. 서로의 관계가 회복되면 서로의 가치를 확인하고 높일 수 있습니다. 그래서 마을만들기를 하는 것입니다.

마을만들기의 핵심은 공간을 잘 만드는 것보다는 관계를 만들고 유지하는 것입니다. 혼자 사시는 독거노인이 있다면 그분에게 음식이나 필요한 물건을 드리는 것도 좋지만 이웃들과의 관계를 만들어드리는 것이 그분의 자아가치감을 높이는 데 좋습니다. 자아효능감보다 자아가치감을 먼저 높여야 합니다.

최근 서울시50플러스재단에서 보람일자리 사업으로 진행하는 '50플러스 마을기록지원단 프로젝트'는 마을의 쓸모나 효능을 높이는 것이 아니라 마을의 역사, 주민들의 이야기, 마을사업지기들의 이야기를 기록하거나 마을공간과 마을공동체 활동 자료를 수집함으로써 마을의 가치를 확인하고 보존하려는 것입니다. 마을기록지원단은 마을의 가치 중 하나인 마을의 역사와 기록을 남김으로써 마을에 거주하는 사람들에게 자신이 얼마나 가치 있는 마을에 살고 있는지를 알리고 그들의 사회적 자존감을 높이는 역할을 하고 있습니다. 많은 돈을 투입해서 마을의 효능을 높이는 것도 좋지만 많은 돈을 들이지 않고 마을의 다양한 가치를 찾고 기록하고 보존하는 것만으로도 마을 사람들에게 자긍심을 심어줄 수 있습니다.

개인의 자존감이 떨어진 사람들에게는 마을의 구성원으로서 그 마을에서 살아온 역사만으로도 충분히 마을의 가치를 이루어 온 것임을 알려줄 필요가 있습니다. 마을의 가치가 곧 자신의 가치임을 느끼도록 함으로써 낮아진 자존감을 끌어올릴 수 있는 계기를 마련해줄 수 있습니다. 마을에 특별한 도움을 주지 못하더라도 이미 마을의 구성원이라면 누구나 마을이 지닌 가치의 한 부분입니다. 그래서 마을의 가치를 발견하는 작업을 하면 할수록 마을에 사는 사람의 가치도 올라갈 수 있습니다.

이는 자랑스러운 학교에 다니면 자신이 아무것도 할 줄 모르고, 공부도 못하고 운동도 못해도 그 학교에 다니는 것만으로도 자랑스러운 학생이 되는 것과 같습니다. 이를 위해 마을이나 지자체에서는 좀 더 다양한 지역의 가치를 찾아서 기록할 필요가 있습니다.

그리고 기록으로 끝날 것이 아니라 기록 과정에 만나는 사람들과의 관계 속에서 자연스럽게 공동체의 필요성을 알리고 함께할 수 있는 것을 찾아야 합니다. 기록이 기록으로만 끝나는 것은 배우고 실천하지 않는 것과 같습니다. 그 기록을 바탕으로 마을공동체의 일원으로서 무엇을 할 수 있을지 고민하고 실천해야 합니다.

공동체에 보이는 나눔

경제의 주체는 사람입니다. 그렇기 때문에 사람이 변해야 경제가 변합니다.
경제를 변하게 하기 위해 일을 하는 것이 아니라 사람이 변하기 위해
일을 하는 것입니다. 경제가 변한다고 사람이 변하지는 않습니다.
하지만 사람이 변하면 경제는 분명 변합니다.

엔데는 사람이 눈에 보이는 위기에는 대처할 수 있지만 눈에
보이지 않는 위기에는 무력한 존재라고 말한다. 눈에 보이지
않는다기보다는 해결의 실마리가 없어 보이는 근원적 문제에
대해, 알고는 있어도 모른 척 외면한다는 편이 맞을지 모른다.

– 《엔데의 유언》, 22쪽

사회는 보이지 않는 돈 때문에 보이지 않는 일과 보이지 않
는 사람들이 점점 늘어나고 있습니다. 숫자로 드러나는 돈, 일,
사람만으로 경제를 평가하고 사회문제를 진단하고 해결하려고

하면 사회는 둘로 나뉠 것입니다. '많이 가진 자'와 '많이 가진 자의 돈을 갚기 위한 자'로 말입니다. 그중 일부는 공식적인 기록에 잡히지 않는다는 이유로 함께사니즘에 포함시키지 않을 것입니다.

지금까지의 보이는 경제만으로는 사회문제를 해결하기도 어렵고 함께 살아가기도 어렵습니다. 그동안 눈에 보이지 않았던 경제도 중요합니다. 그래서 고성장시대에 누리던 자본의 성장만이 정답이 아니라, 저성장시대에 맞는 관계의 성숙도 하나의 대안으로 인정할 수 있어야 합니다. 돈을 많이 벌어서 눈에 보이는 경제를 살리는 것만이 정답이 아닙니다. 관계회복을 통해 눈에 보이지 않는 경제를 회복하는 것도 대안이 될 수 있어야 합니다.

그동안 눈에 보이지는 않았지만 많은 사람들이 공동체 내 자신의 자리에서 수많은 나눔활동을 해왔습니다. 집에서든, 모임에서든, 마을에서든 말입니다. 돈을 받지 않았기 때문에 숨어 있던 일들을 이제는 발견하고 보이게 해야 합니다. 돈 없이도 해왔던 많은 나눔활동을 경제활동으로 인정해야 합니다. 그렇다고 돈을 지불하자는 것은 아닙니다. 서로의 가치를 알아주고 관계를 나누자는 것입니다. 경제는 사람이 살아가는 데 필요한 것들을 나누는 것이므로 나눔이야말로 진정한 경제활동이라고 할 수 있습니다.

최근에 SNS에서 유명해진 '진짜파스타'라는 음식점이 있습니다. 이 가게의 대표인 오인태 씨는 2019년 초에 일이 있어 구청에 들렀다가 '꿈나무 카드'라는 것이 있다는 것을 알게 되었고, 가게 매출에 도움이 될까 하고 알아보는 과정에서 절차가 너무 까다롭다는 것을 알게 되었습니다. 그래서 결식아동들에게 무료로 음식을 제공하기로 합니다.

1. 가게에 들어올 때 쭈뼛 쭈뼛 눈치 보면 혼난다.

2. 뭐든 금액 상관없이 먹고 싶은 거 얘기해줘. 눈치 보면 혼난다.

3. 매주 월요일은 쉬고 일요일은 5시 30분까지만 영업을 하니 미리 알고 있으면 좋겠구나.

4. 다 먹고 나갈 때 카드 한 번 보여주고, 미소 한 번 보여주고 갔으면 좋겠다.

5. 매일 매일 와도 괜찮으니 부담 갖지 말고 웃으며 자주 보자. 별거 없지? 당당하게 웃고 즐기면 그게 행복인 거야. 현재의 너도, 미래의 너도 행복한 사람이 되었으면 좋겠다.

— '진짜파스타' 오인태 대표의 SNS 글

그런데 이 일이 사람들에게 SNS를 통해 알려지면서 많은 사람들이 '이런 사장님은 바쁘게 만들어서 혼내줘야 한다'며 가게를 찾습니다. 그렇게 올라간 매출을 다시 아이들에게 돌려주고 있습니다.

그런데 거기서 끝나지 않고 오인태 대표는 이런 선한 영향력에 함께 동참할 가게를 찾는 글을 SNS에 올립니다. 그 결과 전국에서 48개의 가게 주인들이 동참의사를 밝히고 현재 참여하고 있습니다.

자신들이 하는 일이 우리 사회에 얼마나 큰 영향력을 미치는지를 정확히 알고 있는 사람들입니다. 돈이 목적이 아니라 사람을 목적으로 하는 일이 얼마나 소중한지를 알고, 그것을 세상에 드러내고 있습니다. 이를 지지하는 사람들도 점점 늘어나고 있습니다. 눈에 보이지 않던 선한 영향력을 눈에 보이게 만들고 있습니다. 눈에 보이지 않던 나눔을 눈에 보이게 했더니 선한 영향력을 나누게 되었습니다.

나눔을 통해 모르던 사람들이 서로 알게 되었고 그 관계를 통해 더 많은 사람들이 지지와 응원을 보내고 있으며 그렇게 세상은 조금씩 변해가고 있습니다. 돈이 많은 대기업이 한 일이 아니라 반지하 방에 살면서 가게를 운영하는 사람이 하고 있는 일입니다. 그의 진실함이 세상을 변하게 하고 있습니다.

경제는 사람을 위한 것입니다. 경제의 주체는 사람입니다. 그렇기 때문에 사람이 변해야 경제가 변합니다. 경제를 변하게 하기 위해 일을 하는 것이 아니라 사람이 변하기 위해 일을 하는 것입니다. 경제가 변한다고 사람이 변하지는 않습니다. 하지만 사람이 변하면 경제는 분명 변합니다.

이제 그동안 이야기한 내용을 정리해보려 합니다.
사람은 보호해야 할 자산입니다.
그 자산을 보호하기 위해 일이 필요합니다.
돈은 교환 도구일 뿐입니다.
돈을 벌기 위해서가 아니라 함께 살기 위해 일합니다.
그래서 돈은 순환해야 합니다.
돈이 순환하기 위해서는 호혜가 필요합니다.
관계를 주고받는 것이 호혜입니다.
거래보다는 선물입니다.
그렇기 때문에 일하지 않는 사람도 먹을 수 있습니다.

가족 내에서는 구성원들의 입장이 비대칭인 것이 당연합니다. 자신에게 필요한 것보다 더 많이 벌 수 있는 사람은 더 많이 벌어서 가족을 부양하고 그럴 수 없는 사람은 무임승차를 하면서 사는 것입니다. 하지만 아무도 불평하지 않습니다. 왜냐하면 유아는 '과거의 자신'이며, 노인은 '미래의 자신', 환자나 장애인은 '언제든 그렇게 될 가능성이 있는 자신'이기 때문입니다. 그렇게 자신의 '또 다른 모습'들과 네트워크를 형성하고 있는 것입니다.

건강한 성인이 더 많이 벌어서 가족을 먹여 살리는 것은, 일단 자신이 어릴 때 건강한 성인이 그렇게 해 주었고 앞으로 자신이 노인이 되면 건강한 성인들이 그렇게 해 줄 것이기 때문입니다.

(중략)

상거래 관계도 아니고 서비스에 대한 대가를 지불하는 교환도 아닙니다. 그냥 선물입니다 하지만 일방적인 증여도 아닙니다. 우리가 이전 세대로부터 지원받은 것에 대한 '보답'이기 때문입니다. 우리가 넘겨받은 것을 다음 세대에 전하는 일, 다시 말해 '패스'를 하는 것입니다. 하지만 인간관계를 상거래로만 인식하는 사람은 이해할 수 없는 이야기일 것입니다.

－《어른 없는 사회》, 207~214쪽

사람은 태어날 때 불완전합니다. 그래서 누군가의 도움이 있어야만 살 수 있습니다. 노인이 되면 다시 불완전해집니다. 그래서 누군가의 도움이 있어야만 살 수 있습니다. 그렇기 때문에 도움을 줄 수 있을 때 서로 돕고 살아야 합니다. 그래야 내가 도움이 필요할 때 당당히 받을 수 있습니다.

　그래서 아기를 돌봐주는 건 불쌍해서가 아닙니다. 불완전하기 때문입니다. 노인을 돌보는 건 불쌍해서가 아닙니다. 불완전하기 때문입니다. 장애인을 돌보는 건 불쌍해서가 아닙니다. 불완전하기 때문입니다. 빈민을 돌보는 건 불쌍해서가 아닙니다. 불완전하기 때문입니다. 사람은 모두 불완전하기 때문에 누구나 서로를 돌봐야 합니다.

　경제는 사람이 혼자 살아가기 위한 것이 아닙니다. 혼자 살기 위해서 누군가와 거래를 하는 것이 아니라 함께 살아가기 위해서 서로 선물하는 것입니다. 그래야 그 안에서 불완전한 우리 모두가 살아갈 수 있습니다. 그것이 사람을 위한 경제입니다. 경제는 그것이 가능하게 도와주는 도구일 뿐입니다.

참고자료

1장

영상

EBS 다큐프라임 〈아파트 중독〉 2부 '시간이 만든 집', 2014년 2월 11일

SBS 〈생활의 달인〉 '중고 휴대전화의 달인' 편, 2018년 4월 9일

SBS 〈경쟁하는 당신 행복하십니까〉, 2011년 10월 31일

일본드라마 〈한계취락 주식회사〉 5화

영화 〈북 오브 헨리〉, 콜린 트레보로우, 2017, 드라마, 106분

영화 〈결혼하지 않아도 괜찮을까〉, 미노리카와 오사무, 2012, 드라마, 106분

영화 〈이웃집에 신이 산다〉, 자코 반 도마엘, 2015, 코미디, 115분

영화 〈도어 투 도어〉, 스티븐 섀크터, 2002, 드라마, 86분

영화 〈설마 그럴리가 없어〉, 조성규, 2012, 로맨스, 95분

영화 〈우동〉, 모토히로 카츠유키, 2006, 코미디, 134분

영화 〈월터의 상상은 현실이 된다〉, 벤 스틸러, 2013, 판타지, 114분

영화 〈물 좀 주소〉, 홍현기, 2009, 드라마, 101분

영화 〈잉여들의 히치하이킹〉, 이호재, 2013, 다큐멘터리, 106분

영화 〈성실한 나라의 앨리스〉, 안국진, 2015, 드라마, 90분

영화 〈오즈랜드 웃음의 마법을 가르칩니다〉, 하타노 타카후미, 2018,
　　　코미디, 105분

영화 〈위대한 쇼맨〉, 마이클 그레이시, 2017, 뮤지컬, 104분

책

《이기적 경제학 이타적 경제학》, 데이비드 보일·앤드류 심스, 사군자, 2012

《해피어》, 탈 벤-샤하르, 위즈덤하우스, 2007

《열심히 일하지 않아도 괜찮아》, 김만권, 여문책, 2018

《21세기 자본》, 토마 피케티, 글항아리, 2014

《나눔의 경제학이 온다》, 진노 나오히코, 푸른지식, 2013

《타임뱅크와 영국보건의료서비스 혁신》, 데이비드 보일·사라버드, 2018

《이제 쓸모없는 사람은 없다》, 에드 칸, 아르케, 2004

《기본소득 자유와 정의가 만나다》, 다니엘 헤니·필립 코브체, 오롯, 2016

《일의 미래》, 린다 그래튼, 생각연구소, 2012

《굿 워크》, 슈마허, 느린걸음, 2011

《나는 왜 일하는가》, 헬렌 S. 정, 인라잇먼트, 2012

《일하지 않는 개미》, 하세가와 에이스케, 서울문화사, 2011

2장

영상

SBS 〈수저와 사다리〉, 2016년 11월 20일

KBS 〈강연 100℃〉, 한재훈 교수 편

영화 〈매직티팟〉, 라마 모슬리, 2012, 코미디, 101분

영화 〈수상한 고객들〉, 조진모, 2011, 코미디, 124분

영화 〈세상에서 고양이가 사라진다면〉, 나가이 아키라, 2016, 드라마, 103분

영화 〈짚의 방패〉, 미이케 다카시, 2013, 액션, 117분

영화 〈황금시대〉, 최익환외 9인, 2009, 드라마, 114분

영화 〈설마 그럴리가 없어〉, 조성규, 2012, 로맨스, 95분

영화 〈나이트 크롤러〉, 댄 길로이, 2015, 범죄, 118분

영화 〈더 리치〉, 장-밥티스트 레오네티, 2015, 액션, 91분

영화 〈리포맨〉, 미구엘 사포크닉, 2010, SF, 120분

영화 〈돈〉, 박누리, 2019, 범죄, 115분

책

《화폐를 점령하라》, 마르그리트 케네디, 생각의 길, 2013

《당신이 잔혹한 100명 마을에 산다면》, 에가미 오사무, 사람과나무사이, 2017

《엔데의 유언》, 카와무라 아츠노리, 갈라파고스, 2013

《얼마나 있어야 충분한가》, 로버트 스키델스키·에드워드 스키델스키, 부키, 2013

《더 많이 소비하면 우리는 행복할까》, 야마다 마사히로·소데카와 요시유키,
     뜨인돌, 2011

《돈의 인문학》, 김찬호, 문학과지성사, 2011

《누구나 알 수 있는 지역통화입문》, 아베 요시히로·이즈미 루이, 아르케, 2003

《나는 국가로부터 배당받을 권리가 있다》, 하승수, 한티재, 2015

《조건없이 기본소득》, 바티스트 밀롱도, 바다출판사, 2014

《레츠 : 인간의 얼굴을 한 돈의 세계》, 조너선 크롤, 이후, 2003

《자연스런 경제질서》, 실비오 게젤, 퍼플, 2014

《행복한 돈 만들기》, 데이비드 보일, 디오네, 2006

《굿머니, 착한 돈은 세상을 어떻게 바꾸는가》, 다나카 유, 착한책가게, 2010

3장

영상

tvN 〈행복난민〉 1화, 2017년 10월 8일

SBS 〈리더의 조건〉, 2013년 1월 6일

JTBC 드라마 〈이태원 클라쓰〉 8회

tvN 드라마 〈나의 아저씨〉 7회

영화 〈나, 다니엘 블레이크〉, 켄 로치, 2016, 드라마, 100분

영화 〈다운사이징〉, 알렉산더 페인, 2018, 드라마, 135분

영화 〈모리사키 서점의 나날들〉, 휴가 아사코, 2010, 드라마, 109분

영화 〈앙 단팥 인생이야기〉, 가와세 나오미, 2015, 드라마, 113분

영화 〈너의 췌장을 먹고 싶어〉, 츠키카와 쇼, 2017, 드라마, 115분

영화 〈리틀 포레스트 : 여름과 가을〉, 모리 준이치, 2014, 드라마, 112분

영화 〈거짓말의 발명〉, 리키 저베이스·매튜 로빈슨, 2009, 코미디, 99분

영화 〈사가현의 대단한 할머니〉, 쿠라우치 히토시, 2006, 드라마, 104분

영화 〈4등〉, 정지우, 2016, 드라마, 119분

영화 〈우아한 거짓말〉, 이한, 2014, 드라마, 117분

영화 〈백만 엔 걸 스즈코〉, 타나다 유키, 2008, 코미디, 121분

영화 〈우드잡〉, 야구치 시노부, 2014, 코미디, 116분

영화 〈원더러스트〉, 데이빗 웨인, 2012, 코미디, 98분

영화 〈엘리시움〉, 닐 블롬캠프, 2013, SF, 109분

영화 〈로렉스〉, 크리스 리노드·카일 발다, 2012, 애니메이션, 86분

영화 〈발명의 아버지〉, 트렌트 쿠퍼, 2010, 코미디, 93분

책

《신성한 경제학의 시대》, 찰스 아이젠스타인, 김영사, 2015

《장수지옥》, 마츠바라 준코, 동아엠앤비, 2019

《욕망하는 테크놀로지》, 이상욱 외, 동아시아, 2009

《잉여사회》, 최태섭, 웅진지식하우스, 2013

《이기적인 착한 사람의 탄생》, 유범상, (주)학교도서관저널, 2018

《위 제너레이션》, 레이철 보츠먼·루 로저스, 모멘텀, 2011

《우리가 공유하는 모든 것》, 제이 월재스퍼, 검둥소, 2013

《빅 스몰》, 감상훈, 자음과모음, 2014

《증여론》, 마르셀 모스, 한길사, 2002

《보이지 않는 사람들》, 박영희, 우리교육, 2009

《나중에 온 이 사람에게도》, 존 러스킨, 아인북스, 2010

《다시 쓰는 경영학》, 최동석, 21세기북스, 2013

《이기적 원숭이와 이타적 인간》, 마이클 토마셀로, 이음, 2011

4장

영상

EBS 〈세계견문록 아틀라스-한국에 없는 부자를 찾아서 3부〉, 2018년 10월 10일

SBS 〈수저와 사다리〉, 2016년 11월 20일

SBS 〈자연주의 마을 토트네스〉, 2008년 6월 8일

tvN 드라마 〈슬기로운 감빵생활〉

영화 〈내 깡패 같은 애인〉, 김광식, 2010, 드라마, 105분

영화 〈도쿄소나타〉, 구로사와 기요시, 2009, 드라마, 119분

영화 〈해피 해피 브레드〉, 미시마 유키코, 2012, 드라마, 114분

영화 〈해피엔딩 프로젝트〉, 마이클 맥고완, 2014, 로맨스, 103분

영화 〈우동〉, 모토히로 카츠유키, 2006, 코미디, 134분

영화 〈미나문방구〉, 정익환, 2013, 드라마, 106분

영화 〈코스모폴리스〉, 데이비드 크로넨버그, 2013, 드라마, 109분

영화 〈내일을 위한 시간〉, 장 피에르 다르덴·뤽 다르덴, 2015, 드라마, 95분

영화 〈인 굿 컴퍼니〉, 폴 웨이츠, 2005, 코미디, 109분

영화 〈카트〉, 부지영, 2014, 드라마, 104분

영화 〈마진 콜〉, J. C. 챈더, 2013, 스릴러, 107분

영화 〈8월의 크리스마스〉, 허진호, 1998, 로맨스, 97분

영화 〈서바이벌 패밀리〉, 야구치 시노부, 2018, 코미디, 117분

책

《도넛 경제학》, 케이트 레이워스, 학고재, 2018

《이기적 경제학 이타적 경제학》, 데이비드 보일·앤드류 심스, 사군자, 2012

《당신이 잔혹한 100명 마을에 산다면》, 에가미 오사무, 사람과나무사이, 2017

《엔데의 유언》, 카와무라 아츠노리 외, 갈라파고스, 2013

《도덕의 기원》, 마이클 토마셀로, 이데아, 2018

《어른 없는 사회》, 우치다 타츠루, 민들레, 2016

《자본주의가 대체 뭔가요?》, 조너선 포티스, 아날로그(글담), 2019

《지방소멸》, 마스다 히로야, 와이즈베리, 2015

《정해진 미래》, 조영태, 북스톤, 2016

《격차고정》, 미우라 아츠시, 세종연구원, 2016

《인구를 알면 경제가 보인다》, 클린트 로렌, 원앤원북스, 2016

《2020 하류노인이 온다》, 후지타 다카노리, 청림출판, 2016

《주문을 틀리는 요리점》, 오구니 시로, 웅진지식하우스, 2018

《가족의 파산》, NHK 스페셜 제작팀, 동녘, 2017

《성장 없는 번영》, 팀 잭슨, 착한책가게, 2013

《행복의 경제학》, 쓰지 신이치, 서해문집, 2009

《굿 투 스마트》, 문휘창, 레인메이커, 2012

《우린 다르게 살기로 했다》, 조현, 휴, 2018

《그들이 사는 마을》, 스콧 새비지, 느린걸음, 2015

《사람은 왜 서로 도울까》, 정지우, 낮은산, 2015